신사참배백서

저희가 주께 범죄하였나이다

지은이 | 기독교한국

디자인 | 박성진

초본 발행 | 2023. 3. 27

신고번호 | 제 391-2024-000013호

신고연월일 | 2024. 3. 6

주소 | 경기도 평택시 청북읍 안청로 4길 19 201, 202호

발행처 | 기독교한국

전화번호 | 031-681-1391

책 값은 뒷표지에 있습니다.
ISBN 979-11-987043-0-6

독자의 의견을 기다립니다.
qkrqudgh3212@gmail.com   www.christiankorea.org

신사참

저희가 주께

백 백서

범죄하였나이다

"여호와여 우리의 악과 우리 조상의 죄악을 인정하나이다.

우리가 주께 범죄하였나이다

주의 이름을 위하여 우리를 미워하지 마옵소서

주의 영광의 보좌를 욕되게 마옵소서

주께서 우리와 세우신 언약을 기억하시고 폐하지 마옵소서"

예레미야 14장 20~21절

"만일 우리가 우리 죄를 자백하면 그는 미쁘시고 의로우사

우리 죄를 사하시며 우리를 모든 불의에서 깨끗하게 하실 것이요

만일 우리가 범죄하지 아니하였다 하면

하나님을 거짓말하는 이로 만드는 것이니

또한 그의 말씀이 우리 속에 있지 아니하니라"

요한일서 1장 9절~10절

신사참배는 우상숭배이니

한국교회여

우상숭배한 죄를 회개하라

1907년 1월 14일

평양 장대현교회

길선주는 외칠 만반의 준비가 되어 있었다.

"처음부터 그것은 길선주의 얼굴이 아니었다"

그것은 길선주가 아니라, 예수님과 같았다

그가 사람들에게 회개하고 고백할 것을 요청한 것이다.

James S. Gale, Korea in Transition(New York: Board of Foreign Missions, Presbyterian Church in the U.S.A., 1909), 205.

한 사람씩 한 사람씩 일어나서 자신의 죄를
고백하고 고꾸라져 울었다,

바닥에 엎드려 죄인이라는 완전한 고통 속에서
주먹으로 바닥을 쳤다.

Lee "how the Spirit Come to Pyeng Yang" 34.

"마치 건물의 지붕이 열리고 하늘로부터 하나님의 영이 거대한 산사태처럼 우리에게 쏟아지는 것 같았다"

대부흥이었다

그러나

아등은 신사는 종교가 아니오 기독교의

교리에 위반하지 않는 본의를 이해하고

신사참배가 애국적 국가의식임을 자각

하며 또 이에 신사참배를 솔선여행하고

추히 국민정신 총동원에 참가하여 비상

시국하에서 총후 황국신민으로서 적성을

다하기로 기함

소화 13 년 9 월 10 일 조선예수교장로회

총회장 홍택기

하고 경전회를 필하다.

동 十시 四十분에 회장이 찬송가 제 四六장을 인도 합창하고 기도한후 계속 시무하다.

평양, 평서, 안주 삼노회 연합대표 박용술씨의 신사참배 결의 급 성명서 발포의 제안건은 채용 하기로 가결하다.

聲明書

我等은 神社는 宗敎가 아니오 基督敎의 敎理에 違反하지 않는 本意를 理解하고 神社 參拜를 愛國的 國家意識으로써 自覺하고 또 이에 神社 參拜를 率先 勵行하고 追히 國民精神總動員에 參加하여 非常時局下에

家庭式입을 自覺하고 神社 參拜를 率先 勵行하고 赤誠을 다하기로 期합

右聲明합

昭和 十三年 九月 十日

朝鮮耶穌敎長老會總會長 洪澤麒

부회장과 (입원대표) 각노회장으로 (회원대표) 본 총회를 대표하여 즉시 신사 참배를 실행하기로 가결

하고 동 十二시에 이인식서 기도하고 회장이 정회하다.

회록 서기 권 태 회

동일 오후 二시에 본 총회가 동 장소에 회집하여 회장이 찬송가 제 二〇七장을 인도 합창하고 허담씨로 기도하고 벧전 一장 三十二절까지 봉독하고 계속 시무하다.

회원유락 경성 연희전문학교 교장 원한경씨에게 학향교 사상을 보고하기 위하여 언권을 허락하매 보고하다.

조선예수교장로회총회는 1938년 9월 10일
신사참배를 결의한 후 총대 전원이
부총회장 김길창 목사의 인솔하에
평양신사에 참배하였다.

장로교의 신사참배 결의 후 한 달이 채 되지 않은 1938년 10월 7일,

감리교단은 총회를 마친 후 7,000명의 감리교인들이 경성시내를 행진하여
남산 조선신궁에 집단으로 참배하였다

감리교인 7,000명의 집단 참배 열흘 후인 1938년 10월 17일, 장로교 경기노회와 경성노회 소속 3,000명이 조선신궁에 참배하였다

이러한 집단적인 신사참배는 그 후로도 1945년 8월 15일 해방될 때까지 계속되었으며,

교단의 총회와 노회 수련회와 부흥회에서까지 신사참배는 관례화 되었다

살얼음 찬바람 헤쳐가며 평양신사 조선신궁 돌계단을 오르내렸고

귀신 목탁처럼 수천 번 두드렸던 그날의 손바닥...

하늘의 하나님 여호와 크고 두려우신 하나님이시여

하나님의 크신 은혜로 세워졌던 저희 한국교회가

일본 귀신에게 절하며 하나님을 배반하였습니다

하나님

저희는 신의 세계로 들어간다는
신사 입구 도리이에서 일본 귀신을 향해 허리를 굽히고 절하였습니다.

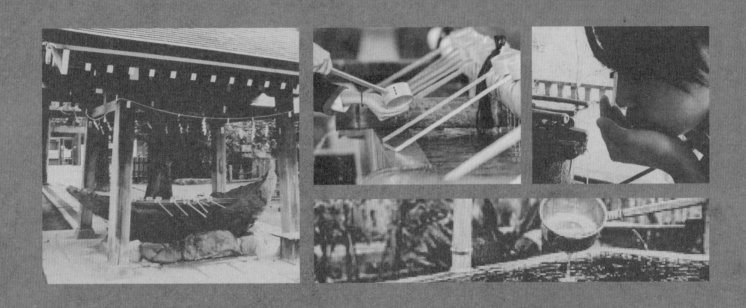

초즈샤에서 왼손 오른손 입을 순서대로 씻어내는 행위를 하였습니다.
이것은 일본귀신에게 행하는 정결의식이었습니다.

다같이 배전앞에 줄지어 서서
절 두 번, 박수 두 번, 절 한 번을 반복하였습니다.

총회로 모일 때마다 노회로 모일 때마다 수련회로
모일 때마다 각종 대회로 모여서 하나님께 예배한 후에는
줄을 지어 몰려가 일본 신사에 절하였습니다.

이 뿐만이 아니었습니다 거의 모든 목회자들과 신학생들이

매년 일본신도의 침례의식인 미소기하라이를 받기까지 하였습니다.

미소기는 몸의 더러움을

하라이는 먼지와 더러움을 씻어 없앤다는 뜻이며

비일본적인 것 기독교적인 것 등을 씻어 없애는 의식이었습니다.

주여 이것은 하나님의 거룩하신 성령을

씻어낸다는 영적인 의미가 아니었겠습니까

대다수의 한국교회 지도자들이 미소기 하라이를 받았으며

미소기 하라이를 받기 위해서는 "천조대신보다 높은 신은 없다"

라고 고백해야 했기에 이는 주의 종들이 하나님을 일본귀신보다

낮추는 참으로 죄악되고 망령된 행위였습니다

주여! 이 장면은 부산 송도 앞바다에서 장로교
경남노회 목사들이 미소기하라이를 받고 있는 모습입니다.

이렇듯 명명백백한 증거 앞에 저희가 어찌 이 큰 죄악을 부인할 수 있겠습니까

1948년 제 50회 장로교 경남노회에서
한 목사님이 미소기하라이 받았던 죄를 애통해 하며 공개적으로 회개하자

경남노회 목사들을 이끌고 미소기하라이를 받도록 주동했던 김길창 목사는

"미소기하라이가 무엇입니까? 나는 들어본적이 없습니다"

라며 뻔뻔스럽게 부인하였습니다.

또한 모든 교회의 예배당 안 동편 벽에는
모형 신사인 가미다나를 설치하였습니다.

존귀하신 하나님 거룩하신 하나님 오직 홀로 한 분이신

하나님께서만 경배받으셔야 할 예배당 안에 일본귀신의 신단을

설치하고 하나님께 예배하기 전 그 신단에 경배한 것입니다.

저희가 하나님께 너무나 큰 죄악을 저질렀습니다 .

주일날 교회에서는 하나님께 예배하기 전에

기미가요제창, 궁성요배, 대동아전쟁 필승 기원 묵도,

황국신민서사낭독, 우미유가바 합창의 순서로

천황과 일본 귀신을 먼저 예배하였습니다.

이러한 신도의식을 진행하는 것에 죄책감을 느꼈던

어떤 장로가 30분씩 늦게 교회에 나오자

교회의 담임 목사가 일본경찰에 고발하여

그 장로를 감옥에 가게 하는 일도 있었습니다.

이렇게 교회의 지도자들과 성도들은

서로가 서로를 감시하고 고발하며

신사참배와 신도의식을 열심으로 행하였습니다.

부여신궁 건설 공사 장면

1941년 시작된 부여신궁 신축에

교회 목사들이 몸을 바쳐 봉사하였습니다.

귀신의 신전을 짓는데 하나님의 종들이 봉사한 것입니다.

장로교단은 1942년 9월 20일 교회의 헌금으로

천황을 위해 전투기를 바쳤으며

이에 질세라 감리교는 1944년 3월 교회 34개를 폐쇄하고 매각하여

전투기 3대 값인 21만원을 확보한 후 일제에 헌납하였습니다.

이는 하나님의 성물을 도둑질하여 원수들에게 바친 죄악입니다.

한국교회의 지도자들은 언론기고와 강연과 설교로 조국의 청년들을
일본제국을 위해 자살특공대로 혹은 지원병으로 혹은 학병으로 전쟁에
나가도록 선동하여 일본 태양신의 제물로 바쳐 죽게 만들었습니다.

태평양 전쟁 당시 일본군으로 동원된 조선인 군인과 군속은 모두 24만3천9백
92명이고, 이 중 약 2만2천 명이 전사한 것으로 알려져 있습니다.

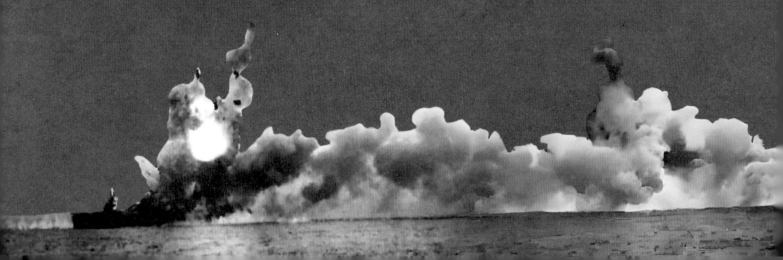

가미카제 특공대원으로 조선인 최초의 전사자가 된 마쓰이 히데오

한국 이름은 인재웅, 전사 당시 나이는 20세였습니다.

그는 1944년 11월 29일 레이테만 특공작전에 투입되었다가 전사하였습니다.

이화여전 교장 김활란은

"마쓰이, 하야시 두 오장의 정신은 전 반도 청년의 정신이 되어야 합니다. 이들 두 청년의 어머니가 되는 모든 반도의 여성도 또 두 오장의 육탄정신을 받들어 제2, 제3의 마쓰이, 하야시 오장과 같은 청년을 낳는 교육에 정진하고 새로운 결심으로 나아가지 않으면 안 됩니다."

라고 일제에 자식들을 기꺼이 바치라고 선동하였습니다.

복음교회 총회장 최태용은

"조선을 일본에 넘긴 것은 신(神)이다. 그러므로 우리는 신을 섬기듯이 일본국가를 섬겨야 한다고 생각한다. 오늘날 우리들에게 국가는 일본국가가 있을 뿐이다. 우리가 다해야 할 국가적 의무와 지성은 이를 일본국가에 바쳐야 마땅할 것이다. 우리는 가장 사랑하는 것을 일본국에 바치도록 신에게 명령을 받고 있는 것이다. 징병제 실시가 그것이다."

라고 말하며 일본 제국의 군인으로 전쟁에 나가는 것을 하나님의 뜻이라고 선전하였습니다.

네가 나를 위하여 낳은 네 자녀를

그들에게 데리고 가서 드려 제물로 삼아 불살랐느니라

네가 네 음행을 작은 일로 여겨서 나의 자녀들을 죽여

우상에게 넘겨 불 가운데로 지나가게 하였느냐

(겔16:20,21)

일점 일획이라도 제해서는 안되는 하나님의 말씀을 일제의 명령에 순종하여

구약성경과 요한계시록을 성경에서 삭제하고

또한 예수님의 다시오심의 내용도 삭제하며 찬송가의 가사까지 바꾸는 등
참으로 참람하고 망령된 대죄를 저질렀습니다

사도신경에서

"전능하사 천지를 만드신 하나님 아버지를 내가 믿사오며"

를 삭제하였습니다 이것은 전능하신 하나님을 부인하고

천지를 창조하신 하나님을 정면으로 대적하며 부인하는 큰 죄악이었습니다

1945년 8월 15일 하나님의 크신 은혜로 말미암아

일본제국주의는 패망하고 조국은 광복을 맞이하게 되었습니다.

그리고 한국교회도 교회의 재건에는 나섰으나

신사참배의 죄악을 인정하며 회개하는 것은 거부하였습니다.

옥중에서 고생한 사람이나 교회를 지키기 위하여 고생한 사람이나

힘든 것은 마찬가지였고, 교회를 버리고 해외로 도피했거나

혹은 은퇴한 사람의 수고보다는 교회를 등에 지고 일제 강제에 할 수 없이

굴한 사람의 수고가 더 높이 평가되어야 한다.

신사참배에 대한 회개와 책벌은 하나님과의 직접 관계에서 해결할 성질의

것이지 누구의 강요에 의해 결정될 사항은 아니다.

신사참배 결의 당시 장로교 총회장이었던 홍택기목사는 이와 같이 말하며
신사참배에 대한 공적인 회개를 거부하였습니다.

신사참배결의가 있었던 27회 장로교총회의 개회일로부터

정확히 10년 뒤인 1948년 9월 9일

북한 공산 괴뢰 정권의 수립

신사참배의 죄악으로 인해 분단된 나라

1950년 6월 25일 부터 1953년 7월 27일까지 만 3년 넘게 벌어진
250만명 이상이 죽거나 다친 참혹한 전쟁

전 국토는 잿더미가 되었고

많은 피를 흘렸음에도 신사참배의 죄악을 회개하지 않은 한국교회로 인하여
대한민국은 통일되지 못하였고 분단된 상태로 오늘에까지 이르게 되었습니다.

성령의 뜨거운 임재가 있었던
평양 장대현 교회 터에 세워진 가증한 우상

하마스 낙하산처럼...북한 특수부대 20만명

"'전쟁시 대한민국 점령해 편입' 헌법 명기"

"1950년 이후 가장 위험"..심상치 않은 북한

회개치 않는 한국교회에 대한
하나님의 심판의 경고

북한의 핵과 미사일은 한국교회에 대한
하나님의 회개의 촉구

끝끝내 회개치 않았을 때

한국교회에 내려질 심판

지금은 오직 회개하여야 할 때입니다.

서 문

네가 음행하여 네 하나님을 떠나고 각 타작 마당에서 음행의 값을 좋아하였느니라(호세아9:1). 그러므로 너 음녀야 여호와의 말씀을 들을지어다 주 여호와께서 이같이 말씀하셨느니라 네가 네 누추한 것을 쏟으며 네 정든 자와 행음함으로 벗은 몸을 드러내며 또 가증한 우상을 위하며 네 자녀의 피를 그 우상에게 드렸은즉 내가 너의 즐거워하는 정든 자와 사랑하던 모든 자와 미워하던 모든 자를 모으되 사방에서 모아 너를 대적하게 할 것이요 또 네 벗은 몸을 그 앞에 드러내 그들이 그것을 다 보게 할 것이며 내가 또 간음하고 사람의 피를 흘리는 여인을 심판함 같이 너를 심판하여 진노의 피와 질투의 피를 네게 돌리고 내가 또 너를 그들의 손에 넘기리니 그들이 네 누각을 헐며 네 높은 대를 부수며 네 의복을 벗기고 네 장식품을 빼앗고 네 몸을 벌거벗겨 버려 두며 무리를 데리고 와서 너를 돌로 치며 칼로 찌르며 불로 네 집들을 사르고…(에스겔 16:35-41).

일제말기 한국교회의 신사참배는 하나님께 대한 영적 음행의 죄악이었다. 마치 남편 보는 앞에서 부끄러움도 모른채 간부와 뒤엉켜 음행하는 음란한 아내와 같이 행한 죄악이 신사참배였던 것이다. 단 60여명의 부하를 거느려봤던 소련군 88여단 대위 출신 김일성과 그의 소위 빨치산 일당이 한반도 북부의 권세를 얻게 된 연유가 한국교회의 신사참배 죄악 때문이었다. 역사의 순리가 아니었다. 한국교회에 우상숭배를 강요하였던 제국주의 일본은 미국에 의하여 결국 그 악행의 값을 치르고 패망하였다. 그러나 한국교회의 신사참배의 죄악으로 말미암아, 해방과 함께 우리나라는 남북으로 분단되고 말았다. 5년이라는 시간과 여러 차례의 회개의 기회가 일제의 압제에서 자유케 된 한국교회에 주어졌다. 그러나 한국교회는 신사참배의 죄악에 대한 회개를 끝내 거부하였다. 그 결과는

1950년 6.25 동족상잔의 비극이었다. 남·북한군대, 중공군, 유엔군 등 군인과 민간인 모두 합하여 250만 여명의 전사상자가 발생하였다. 전국토가 전쟁의 참화에 휩쓸렸으며 이러한 참혹한 전쟁이 3년이 넘게 계속되었다. 그러나 이 비극적인 전쟁의 결말은 통일이 아닌 휴전이었다. 우리가 원치 않았던 전쟁 그리고 더욱 원치 않았던 휴전으로 인하여 6.25동란 이전과 비슷한 모양으로 남과 북은 다시 분단되었다. 조국의 재분단은 한국교회가 회개하지 않음을 인함이었다. 전쟁을 만났음에도 전쟁을 통한 하나님의 회개의 촉구를 깨닫지 못하여, 그 죄악을 온전히 회개하지 않았기 때문이었다.

재분단의 결과 사탄의 대리인인 김일성 공산집단이 다시 한반도 북부의 권세를 차지하게 되었다. 북한에는 세계 역사상 가장 극악한 독재와 반기독교적 체제가 들어섰다. 그들은 모든 교회를 문 닫게 하였고 목회자들을 처형하였으며 성도들을 가족과 함께 강제노동수용소에 일평생 가두어 두었다. 기독교를 북한 전역에서 완전히 말살하려 하였다. 살아남은 일부 소수의 신자들이 지하교회를 이루어 간신히 비밀스럽게 신앙을 유지하고 있다는 소식이 간간이 들려올 뿐이다. 북한은 현재 일제 신사참배보다 훨씬 더 강압적이고 철저한 우상숭배를 전 국민에게 강요하고 있다.

휴전과 그로 인한 조국의 재분단에도 불구하고 신사참배의 죄악에 대한 한국교회의 온전한 회개는 없었다. 오히려 1954년 제39차 장로교 총회에서는 소위 '신사참배결의취소성명'이라는 허울뿐이고 기만적인 행사를 벌여 총회로서 가졌던 마지막 회개의 기회까지 발로 차 버렸다. 그로 인하여 미혹의 영의 역사가 한국교회에 본격적으로 시작되었다. 1920년대 북한지역에서 생겨났던 김성도, 유명화, 황국주, 백남주 등 신비주의 이단에 그 뿌리를 둔 박태선의 전도관, 문선명의 통일교 등 희대의 이단들이 1945년 광복을 전후하여 한국교회 내부에서 태동하였으며, 그들은 1954년~1955년 사이에 크게 세력을 얻어 일어나게 되었고 이후 한국 교회를 뒤흔들었다.

그럼에도 불구하고 하나님의 우리 민족을 향한 예정하심과 긍휼이 풍성하신 그 크신 은혜로 인하여 한국 교회에는 세계가 놀랄만한 큰 성장이 있었다. 그러나 동시에 분쟁과 분열과 쟁투와 당 짓는 것과 시기하는 것 그리고 목회자들의 금전과 음란 관련한 타락의 문제 등 교회의 아름답지 아니한 열매들로 말미암아 하나님의 존귀하신 이름이 더럽혀지는 일들이 너무나 많이 일어나고 있다. 직업군별 성범죄 1위 직업이 목사라는 통계가 행안부를 통해 국회에 보고되었다. 부인할 수 없는 참으로 부끄러운 현실이다. 교회의 윤리의식이 사회 일반의 윤리의식보다 더 타락해 있다고 한다. 교회내의 자정작용은 사라진지 오래다. 게다가 최근 일어났던 코로나 사태 이후로 교회는 양적인 성장도 멈추었으며 오히려 거의 전 교회에서 교세의 급격한 위축이 보고되고 있다. 교회에서 청년들과 아이들을 찾아보기가 어렵다고 한다. 한국교회의 미래가 암울하다는 전문가들의 분석이 여기저기서 나오고 있다.

또한 미혹의 역사는 한국교회에 여전히 계속되어 신천지, JMS, 하나님의교회 등의 이단들 뿐만 아니라 WCC, 자유주의신학, 민중신학, 다원주의신학, 사회복음 심지어 주체신학 등 한국 교회 진리의 기초를 뿌리부터 흔들어 대는 높은 차원에서부터 전 한국교회로 하여금 진리를 배반하고 배교의 길로 이끄는 무서운 일들이 큰 세력을 얻어 중단 없이 계속되고 있다. 신사도운동 등 성령운동으로 가장한 거짓 영의 역사와 거짓된 시한부 종말론 등에도 분별력이 부족해진 무수한 교회와 성도들이 미혹되어 흑암의 권세 아래 스스로 걸어 들어가 파멸을 향하고 있는 참담한 영적 상황에 놓여 있는 것이다. 미혹의 역사는 현재진행형이다.

심대한 위기를 맞은 한국교회의 탈출구는 어디 있을까. 아무리 찾아 보아도 이 위기에서 벗어나는 길은 하나님께로 돌아가는 것 밖에 없다. 그것만이 살길이다. 우리의 죄를 스스로 조사하고 하나님께 돌아가야 한다. 결국 회개밖에 없다. 지금은 회개해야 할 때이다. 일회성 행사같은 겉치레의 회개가 아니라 진정한 회개를 해야 한다. 오랜 세월 묵혀 두었던 밀린 빨래를 해야 한다.

장로교, 감리교, 성결교, 구세군 등 각 교단의 총회와 노회 차원에서 결의하여 총회, 연회, 노회, 지방회, 개 교회별로 모든 단위의 기관들이 신사참배를 했으니, 회개도 각 교단의 총회차원에서 결의하고 죄상을 상세히 조사하여 공표하고 스스로 책벌하며 자숙하고 또한 전교회적으로 통회하여야 할 것이다. 일제 말기에는 전 조선기독교단이 하나로 통합되어 일본 귀신을 따르는 황도기독교로 스스로를 선언했으니, 이 부분도 전 한국교회가 회개를 결의하고 죄상을 상세히 조사하고 공표하고 통회 자복하여야 할 것이다.

과거 제국주의 일본이 패망했다고 해서 한국교회가 신사참배했던 죄악이 없어진 것이 아니다.

진정으로 회개하여 예수님 보혈로 처리되지 아니한 죄악은 천년이 흘러도 없어지지 않는다. 그 죄악을 근거로 역사하는 사망의 권세도 여전히 그 대리인만 바꿔서 역사한다. 제국주의 일본 대신 공산주의 북한이 사탄의 대리인이 된 것처럼 말이다. 공산주의 북한이 망하면 더 악한 대리인이 들어설 것이다. 이것이 하나님 나라의 원리다.

지금 이 시점에서도, 이미 거의 다 망한 북한 김씨 세습 우상독재체제가 끝내 완전히 무너지지 아니하고, 오히려 핵과 미사일로 무장하여 대한민국을 멸절시키겠다고 위협할 수 있는 것은 한국교회가 아직도 이 신사참배의 죄악을 회개치 아니하기 때문이다. 오히려 한국교회는 일제 신사의 영적지위를 계승한 북한 김일성 미이라 우상 앞에, 북한을 방문한 목사들이 일제 때 선배 목사들이 신사참배를 하듯이 머리를 조아렸고, 일제 말 한국교회가 일제에 국방헌금을 갖다 바치던 것과 같이 북한 동포 돕기라는 명목으로 북한의 핵개발자금으로 전용되는 막대한 액수의 현금을 갖다 바치는 등 일제 때와 동일한 죄악을 범하여 왔던 것이다. 회개하지 않으니 같은 죄악을 반복하는 것이다.

김일성 귀신을 대적해야 하고 북한 김씨 세습 우상독재체제의 불법과 무효를 선포하며, 그 체제의 붕괴를 간구하며 선언하여야 한다. 정말 옳은 말이다. 나도 우리 교회도 날마다, 그렇다 정말로 날마다 합심하여 여러 시간씩 그렇게 하고 있다. 그러나 그것으로 해결될 일이 아닌 것이다.

김일성 귀신이 권세를 얻게 된 연유를 알고 그 뿌리를 뽑아내야 이 악한 죽음의 체제가 권세를 잃고 무너지게 된다. 한국 교회의 신사참배 죄악이 김일성 귀신이 불법의 권세를 갖게 된 근거이다. 신사참배 죄악에 대한 한국 교회의 상세한 조사와 공식적인 인정 그리고 마음을 찢고 애통하는 회개가 제2의 6.25를 막아내고 김씨 세습 우상독재체제를 순탄하게 무너뜨리게 되는 근본적인 영적 해결책이라는 것을 확신한다.

신사참배에 관하여 그동안 국소적이며 표면적인 회개가 산발적으로 일부분에서만 일어났을 뿐이었다. 회개의 필수적인 요소인 해당 죄악을 소상하게 밝히는 작업도 되어진 것이 거의 없다. 그나마 몇 명 되지 않는 헌신적인 연구자들에 의해 일부 밝혀진 사실들도 일반에 알려진 것은 거의 없다고 해도 과언이 아닐 것이다. 한국교회가 일제치하 마지막 7년간 하나님 앞에서 무슨 죄를 어떻게 지었는지 알아야 한다. 그래야 회개할 수 있다. 회개는 죄를 인정하고 자백하는 것에서 시작되는 것이다.

초기 한국에 왔던 선교사들은 복음전파의 열정과 조선의 영혼들을 사랑하는 마음으로 주 예수 그리스도께 헌신하고 그들의 삶을 드렸다. 그들 대부분은 20대 중반에서 30대 초반의 나이였다. 유라시아대륙의 북동쪽 끄트머리 변방의 보잘 것 없는 나라 조선에 와서 주 예수 그리스도와 그분의 복음을 위하여 일생을 헌신했던 자신의 생명과 가족의 생명까지 아낌없이 내어준 미국을 비롯한 서구 선교사들의 희생과 헌신위에, 그리고 1907년 평양대부흥으로 이름 붙여진 2000년 세계교회 역사상 가장 강력했던 성령 하나님의 임재와 역사하심의 큰 은혜로 말미암아 한국교회는 세워졌다. 세계교회를 놀라게 하는 한국교회의 온전한 회개와 부흥의 역사가 1900년대 초반 하나님 나라의 역사책에 기록되었다.

그러나 선 줄로 생각하는 자는 넘어질까 조심하라 하신 말씀대로, 한국교회는 넘어질까 조심했어야 했고, '근신하라 깨어라 너희 대적 마귀가 우는 사자 같이 두루 다니며 삼킬 자를 찾나니 너희는 믿음을 굳게 하여 저를 대적하라' 말씀과 같이 근신하고 깨어 있어 진리의 믿음위에 굳게 서 있어야 했다. 그러나 한국교회는 대부흥에 이어 곧바로 밀어닥친 사탄의 교활한 공격에 흔들리며 결국 넘어지고 만다.

한국교회는 교회의 본질적 사명에 집중했어야 했다. 복음전파를 통한 영혼 구원에 집중해야 했고, 신자들의 영적 성장과 성숙이 교회 사업의 최우선적 목표였어야 했다. 물론 전도를 위한 의료와 교육과 구제 사업은 옳은 일이 었으나, 정치와 사회운동은 교회 사업에서 완전히 배제했어야 했다. 하나님의 나라는 이 땅에 속한 것이 아니기 때문이다. "예수께서 대답하시되 내 나라는 이 세상에 속한 것이 아니니라 만일 내 나라가 이 세상에 속한 것이 었더라면 내 종들이 싸워 나로 유대인들에게 넘겨지지 않게 하였으리라 이제 내 나라는 여기에 속한 것이 아니니라"(요한복음 18:36).

그러나 기독교인이 된 식민지 조선의 엘리트들 중 대다수는 일본 제국주의의 식민지 압제하에 있던 조국의 독립 이라는 정치적 문제와 조선 민중의 가난 극복이라는 경제적 문제의 해결을 위해 즉 이 땅에서의 현실적 문제의 해결을 위해 기독교 사상과 교회 조직 그리고 선교사들의 힘을 이용하려 했다. 이동휘, 여운형, 김규식, 조만식, 손정도, 이승만 등 당대의 굵직한 위인들이 모두 기독교인들이며 목사였고, 전도사였고, 장로였으며 동시에 독립 운동가요 상해임시정부의 요인들이었다. 이들은 독립운동가로서 훌륭한 분들이었고 그 인품과 실력도 존경할 만한 대단한 인물들이었다. 그러나 하나님의 입장에서 보자면 그들은 단지 자신들의 조국의 독립을 위해 기독교 사상 과 교회를 이용한 인물들일뿐이었다. 선교사들도 이러한 사실을 인식하고 있었다.

교회와 기독교인들이 중심이 되어 일어났던 1919년 3.1운동은 기독교 교세를 위축시켰고, 교회에 영적인 침체를 가져왔다. 3.1운동은 복음을 위한 운동이 아니었다. 민족독립운동으로서는 위대한 사건이었으나, 예수 그리스도와 그분의 복음전파와는 직접적인 관련이 없는 것이었다. 기독교인이었고, 독립운동가 손정도 목사의 가르침을 받아

3.1운동에 참가하여 순국한 유관순 열사도 복음을 위하여 순교한 것은 아니었다. 순국한 것이지 순교한 것은 아닌 것이다.

1920-30년대 한국교회는 영적으로 침체되어 있었고, 교회 안에 사랑과 공의는 찾아보기 어려웠으며, 물질과 음란과 교만과 분쟁의 죄악이 관영하였다. 이 시기 길선주 목사와 김익두 목사를 통한 부흥운동으로 한국교회의 숨통은 잠시나마 트였으나 그것으로 한국 교회 침체의 대세를 돌이킬 수는 없었다. 교회내에 빈부를 차별하여 대하는 일들이 확연하였다. 가난한 이들은 교회에서 멸시받았고 부자들은 존대받았다. 목사와 장로들의 재정 유용과 횡령 사건이 많이 일어났고, 기생집을 출입하던 당회원들이 교회 청년들에게 발각되는 일도 있었다. 이러한 부정행위에 대하여 교회의 권징은 무력해지는 경향이 나타났다. 유력자에게는 가벼운 처벌이 내려졌다. 불의한 교회 재판이 행해진 것이다. 교회안에서 수백명이 편을 갈라 유혈이 낭자한 난투극이 여러 차례 벌어졌다. 교회분규에 폭력배들이 동원되곤 했다. 평양대부흥의 중심이었던 장대현교회 등에서 1920~30년대에 실제로 벌어졌던 일들이다. 그리고 진정한 은혜를 찾아보기 어려워진 한국교회에 불건전한 신비주의 이단들이 생겨나 영적인 갈급함에 시달리던 성도들을 유혹했다.

1920년대에는 사회주의 사상에, 1930년대에는 자유주의 신학에 교회는 문을 열어주었다. 교회 장로와 집사의 아들들이 사회주의자가 되었다. 당시 반기독교인사들의 거개가 기독교인 출신들로 교회의 부정과 불의에 환멸을 느낀 기독교 가정의 청년들이었다. 교회 중직들의 부패는 그들의 보수적 신앙에 대한 청년들의 회의와 비판을 불러왔고 이는 공평과 정의를 강조하는 자유주의 신신학에 청년들과 신진 신학도들이 경도되는 현상을 가져왔다. 이렇게 교회의 부패와 영적인 어두움으로 인하여 사회주의 사상과 자유주의 신학에 교회의 문을 열어준 결과, 교회의 본질이며 권능의 원천인 복음의 진리성에 기반한 교회의 믿음은 더욱 훼손되고 약해졌다. 다시 말해 이 어두움의 세상 주관자 죄와 사망의 권세 사탄의 권세에 대한 한국교회의 공격과 방어 수단 모두가 심대하게 약화되는 결과를 가져오고 말았던 것이다.

이렇게 1930년대 한국교회에서는 경건의 능력과 영적인 능력을 찾아 보기 어렵게 되었다. 이러한 위기를 타개하기 위하여 인본주의적 진흥정책이 만들어졌다. 장로교를 중심으로 하여 라디오, 신문, 잡지 등을 이용한 전도기법들이 개발되었고, 각종 프로그램들이 도입되었으며 많은 기관과 기구들이 설립되었다. 각 교회들마다 배가운동 등이 벌어졌다. 성령의 능력을 의지하여 기도와 말씀으로 수행된 것이 아니었다. 1932년에 장로교 평양노회는 소위 '기도제한법'이라고 하는 것을 통과시켜 교회에서 성도들이 큰 소리로 기도하는 것 등을 금함으로 교회안에서 자발적으로 일어나는 성도들의 기도운동까지 제지하기에 이르렀다. 이렇듯 한국교회는 성령의 능력이 아닌 사람의 지혜와 능력을 의지하였다. 교회는 성장하였으나 양적인 성장에 그쳤고, 교회의 영적 침체는 더해졌으며, 교회의 성장과 유지를 위하여 일제 총독부의 협조까지 구하는 지경에 이르게 되었다. 1930년대 한국교회는 일본제국 조선총독부와 나쁘지 않은 관계였다.

사회주의적 기독교인들과 자유주의 신학으로 양육된 기독교인들은 신사참배와 같은 것에 크게 개의치 않았다. 토착화라는 명목으로 조상제사마저 받아들일 자세를 가지고 있는데 국민의례라는 좋은 변명거리에다가 고개 몇 번만 숙여주고 박수 몇 번 쳐주면 되는 신사참배는 자유주의적 신앙양심에는 크게 거리낄 것이 없었기 때문이다.

인본주의적 교권세력도 총독부와 좋은 관계를 유지하고 싶어했다.

그리하여 1930년대 중후반 일본 제국주의를 통한 사탄의 공격 앞에, 한국교회는 너무나 무력하게 무릎 꿇게 된 것이다. 성령의 능력을 의지하지 아니하고 사람의 지혜와 능력을 의지하고 세상과 결탁한 교회는 승리할 수 없는 것이다. 한국교회는 영적 전투에서 무력하게 패배하고, 일본 귀신 곧 그 배후의 사탄에게 경배하게 되었다. 그간 우리가 상식처럼 알고 있었던 상투적인 표현 '일제의 총칼 앞에' 무릎 꿇은 것이 아니었다. 일제의 압박은 공산당의 핍박처럼 강하지 않았다. 경건의 능력을 상실한 한국교회가 오히려 스스로 자진하여 열심히 우상숭배하고 부일협력 하였다. 한국교회의 적극적 부일협력에 관한 증언과 정황들은 많다.

만약 믿는 자나 교회가 죄를 짓고 회개하지 않으면 그 죄악과 회개치 않음을 근거로 하여 사망이 즉 사탄이 권세를 얻게 된다.

교회를 사랑하시고 오래 참으시는 자비와 긍휼이 충만하신 하나님께서는 회개의 촉구를 하시지만 죄책을 범한 자가 고집을 부리며 계속하여 회개하지 아니하면 그 사망의 권세는 더욱 강해지게 된다. 창세기에 아담의 범죄로 인하여 그와 그의 모든 후손 즉 모든 인류가 사망의 권세 아래 놓이게 되었고, 지금도 예수 그리스도를 주와 그리스도로 믿어 십자가 보혈로 그 죄를 처리한 사람이 아니면 여전히 아담의 죄책으로 인한 사망의 권세 아래 있을 수 밖에 없는 것과 같은 원리인 것이다.

평양 산정현교회에서 주기철 목사를 모셨던 안도명 목사는 저서 '산정현교회와 수진성도들'를 통하여 이렇게 말하고 있다.

"생전에 채정민 목사는 한국교회를 회개시키지 못한 것이 자신의 죄요, 우리 민족 회개시키지 못한 것이 또한 자신의 죄라고 애통해 하였다. 채정민 목사는 자신이 죽기 전(6.25 전란 이전)에 한국교회가 신사참배 죄를 회개하면 크게 부흥하고 재건될 것이라고 생각했다. 그러나 그렇게 되지 않고 점점 더 세속화 되어가니 탄식스럽다고 했다. 밤낮 울며 기도했는데 하나님의 뜻이 어디 있는지 모르겠으나 모세가 가나안에 못 들어가고, 우상숭배에 앞장 선 괴수 아론의 후예가 대제사장이 되었듯이 친일파가 한국교회를 지배를 하게 되어 있는 것이 하나님의 뜻인지는 몰랐다고 했다. 신사참배 반대투쟁을 한 순교자들은 한국교회에 본을 보이고 모세가 가나안 복지를 바라만 보고 하나님께 가는 것 같이 가는 것이라고 했다. 우리의 할 일을 다 했으니 그 다음 일은 하나님의 섭리에 달렸다는 것이다. 채정민 목사는 기도 중에 우리 민족의 장래에 하나님의 축복이 호박이 넝쿨째 굴러 떨어지듯이 굴러들어 오는 것을 보았다. 그러나 한국교회가 아직도 정신을 못차리고 있으니 아찔한 맛을 보아야 정신을 차릴 것이라고 했다. 지금 생각하니 그 아찔한 맛이란 6.25동족 상잔의 전란이다. 하나님은 한국교회가 신사참배를 회개하지 않기 때문에 공산당을 채찍으로 들어쓰셨다. 참회없는 상태에서 통일을 하자면 6.25 이상의 아찔한 맛을 보게 될 것이다. 채정민 목사의 말은 한국의 예레미야 선지자의 예언이었다. 한국교회가 아직도 신사참배의 죄를 참회하지 않고 있으니 아직도 통일이 되지 못하고 있는 것이다. 38선 이북의 붉은 용이 우리를 위협하고 있다. 한국교회가 신사참배의 죄를 진심으로 참회하면 공산주의 위협이 사라지고 38선이 무너질 것이다."

채정민 목사(1872-1953)는 평안남도 중화 출신으로, 1897년 우리나라 최초의 개신교 세례교인 중 한 사람인 이성하와 최일형의 전도를 받아 기독교인이 되었다. 1898년에 세례를 받았고, 1900년부터는 조사가 되어 미국 북장로회의 이길함(Lee, G.) 선교사와 함께 중화·대동·곡산 등지를 순회하며 목회활동을 하였다. 1907년 평양에서 대부흥운동이 일어났을 때, 김찬성이 인도하는 300여 학생들이 참석한 숭덕학교 기도회에서 솔선하여 통회 자복하였다. 이로 인하여 장로교와 감리교의 학생들 사이에 부흥운동이 확산되는 한 계기를 만들기도 하였다. 1911년 평양장로회신학교를 졸업하여, 그 해 독노회에서 목사 안수를 받고 중화읍교회에 부임하였다. 이후 목회활동을 계속하다가 1934년 은퇴하여 평양노회 공로목사로 추대되어 일선목회 현장에서는 떠났으나, 신신학과 사회복음주의 및 사회주의의 이론을 비판하는 등 보수신앙을 수호하는 글을 통하여 활동을 계속하였다. 1938년 신사참배 문제가 발생하였을 때, 일제로부터 주기철·이기선 목사 등과 함께 강경파로 지목되어 예비검속을 당하기도 하였다. 8·15광복 후 1947년 월남하였으며, 1948년에는 주일 선거 반대운동을 펴 선거 일자를 바꾸게 한 사실도 있었다. 6·25전쟁 중인 1950년 12월 대구로 피난하였고, 이후 사회와 교회에 대해 보수주의적 기독교의 입장에서 경고 및 회개를 촉구하였다.[1] 채정민 목사가 받은 감동대로 지금이라도 한국교회가 신사참배의 죄를 진심으로 참회한다면 공산주의 위협이 사라지고 휴전선이 무너질 것이다. 북한이 공산독재에서 해방될 것이다. 북한 교회가 재건될 것이다. 한국교회와 우리 민족의 장래에 하나님 예비하신 복이 호박이 넝쿨째 굴러 떨어지듯이 굴러들어 올 것이다.

'신사참배백서'는 과거 일제하 약 7년의 기간 동안 한국교회가 저질렀던 전교회적인 무서운 우상숭배와 배교의 행위들을 죄악으로 인정하고 하나님 앞에 소상히 자백하는 것을 목적으로 하였다. 신사참배백서의 '백서(白書)'는 흰

---

1) [출처:채정민-한국민족문화대백과사전]

표지의 책이라는 뜻이 아니다. 白은 '희다'라는 뜻도 있지만 '아뢰다'라는 의미도 갖고 있는 글자이다. 이처럼 '아뢸 白'자를 사용하는 '신사참배백서'는 '한국교회가 범한 신사참배의 죄책과 그와 관련한 죄악을 하나님 앞에 낱낱이 아뢰고 사죄를 간구하는 책'이라는 의미를 갖는다. 이 신사참배백서는 일차적으로 하나님께 한국교회의 죄악을 아뢰는 참회의 고백문임을 밝힌다. 한국교회에 회개를 촉구하는 것은 부차적인 목적이 될 것이다. '신사참배백서 I'은 신사참배 직전까지의 일을 다루고 있다. II권에서는 신사참배, III권에서 해방이후의 일들을 다루게 된다.

마지막으로 예레미야 14장 20~21절 말씀으로 하나님께 간구하며 인자와 자비와 긍휼이 풍성하시고 우리에 대하여 오래 참으신 우리 구주 예수 그리스도의 아버지 하나님 참 좋으신 우리 아버지 하나님께 이 '신사참배백서'를 심히 통회하고 자복하는 마음으로 감히 올려드립니다. "여호와여 우리의 악과 우리 조상의 죄악을 인정하나이다 우리가 주께 범죄하였나이다 주의 이름을 위하여 우리를 미워하지 마옵소서 주의 영광의 보좌를 욕되게 마옵소서 주께서 우리와 세우신 언약을 기억하시고 폐하지 마옵소서"

2024년 3월 20일

기독교한국

목차

I. 왜 이 시점에 신사참배를 문제 삼는가?

1. 위기의 한국교회

한국교회는 외적으로 이단의 도전 앞에 놓여 있고, 내적으로는 교회 지도자들의 범죄로 말미암아 고통을 당하고 있다. 신천지와 구원파와 같은 이단들의 사회적 교회적 도전과 해악이 심각하다. 그러나 이보다 더 심각하게 한국교회의 신뢰도를 무너뜨리는 중요한 요인은 서슴지 않고 죄를 범하며, 그러고도 회개치 않는 교회 지도자들이다. 교회 지도자들의 죄악으로 인하려 한국교회는 신뢰를 잃게 되었고, 세상 가운데 멸시와 조롱을 당하게 되었으며 이는 한국교회의 성장을 하락하게 만드는 주범이 되었다. 더욱 더 사태를 심각하게 만드는 것은 이런 죄악들에 대해 지도자들이 지적당했을 때, 그들이 대응하는 방식이다. 많은 경우에 죄를 인정하지 않거나, 아니면 반대하는 사람들을 이단으로 몰아붙이거나, 아니면 거짓말을 하거나, 죄를 지적하는 사람들이 다른 저의가 있어서 그렇게 했다고 변명하면서 회개치 않는 것이 가장 심각한 문제이다."[2]

백석대 김진규 교수는 외적으로는 이단의 도전, 내적으로는 교회 지도자들의 범죄 이 두 가지를 한국교회의 대표적 당면 과제로 꼽고 있다. 이단과 교회지도자들의 범죄가 지금 가장 해결하기 어려운 과제이며 이것들로 인해 한국교회의 미래가 어둡다는 것이다. 교회 지도자들의 범죄의 문제가 어려운 것은 범죄 그 자체도 문제지만, 죄를 범한 당사자들이 죄를 인정하고 회개하려 하지 않는다는 것이다. 어느 나라의 교회거나 어느 시대의 교회에 있어서나 이단의 문제와 교회 지도자들의 범죄의 문제는 교회역사에서 늘 있어왔던 일이었지만, 유독 한국교회는 그 정도가 너무 심하다는 것이 주목하여야 할 포인트다. 세계 개신교 역사상 가장 타락한 교회가 한국 교회라는 자

---

2) 김진규. 교회 지도자의 무거운 죄에 대한 대응책. 한국기독교신학논총 95.- (2015): 5-8.

평도 나오고 있는 실정이다. 도대체 왜 이렇게 된 것일까? 우선 이단의 문제부터 알아보자.

(1) 이단의 발흥과 그 영적인 배경

박태선의 전도관, 문선명의 통일교 등 희대의 이단들이 1945년 광복을 전후하여 한국교회 내부에서 태동하였다. 그들은 6.25동란 직후인 1954~55년 사이에 크게 세력을 얻어 일어났고 이후 오랜 세월동안 한국 교회를 뒤흔들었다. 그리고 이들로부터 배운자들이 비슷한 부류의 이단종파를 만들었고 그들도 각각 큰 세력들을 이루어 지금까지도 한국교회와 한국사회를 어지럽혀오고 있는 중이다.

우선 박용규 교수의 ‘한국기독교회사’를 통하여 ‘박태선’의 경우를 살펴보면

“1955년 3월 28일부터 기독교부흥협회 주최로 대한신학교가 모든 설비 책임을 맡고 유명한 스완슨 박사가 주강사로 초빙되어 2만 명이 운집한 조선신궁터 광장 남산공원에서 열린 남산집회는 박태선을 일약 한국의 유명 부흥사 대열에 합류시켜 주었다. 아이러니하게도 다른 복음에 대해 결코 타협할 수 없고 해서도 안되는 한국의 보수주의를 대변하는 김치선 목사의 대한신학교가 장차 이단의 기수가 될 박태선의 데뷔 무대를 화려하게 장식해준 셈이다. 스완슨 박사가 주강사를 맡고 박태선이 보조강사를 맡았던 이 남산집회에는 대구, 부산, 청주, 광주 등 전국 각지에서 수많은 사람들이 모여들었다. 대한 예수교장로회 증경총회장 권연호를 비롯해 한국교회를 대변하는 교계 지도자들이 대거 참석한 가운데 연일 계속된 이 집회에서 박태선 장로는 그곳에 모인 교계 지도자들은 물론

이고 평신도들 특히 여성 신자들로부터 열광적인 지원을 받았다."[3]

이와 같이 박태선은 정통 교단안에서 정통 교단의 지도급 목회자의 후원으로 성장한 이단인 것이다. 장로교 총회 장을 지낸 바 있는 권연호 목사는 후일에 자신이 가장 후회스러웠던 일로서 하나님 앞에서 늘상 기도하던 일이 바로 1955년 3월 조선신궁터에서 있었던 남산집회에 박태선을 세우고 그를 키워줘서 이단의 괴수가 되게 한 일이라고 했다.[4] 남산집회에서 박태선에게 안수기도 받은 목사들이 100여명이었다고 한다. 이럴 지경이니 성도들은 두말할 것도 없는 것이었다. 남산집회 이후 2~3년만에 박태선의 '전도관' 교세는 10만명을 넘어섰고 그들 대부분이 기성교회 출신 신자들이었다.

또 같은 시기에 일어났던 통일교의 문선명은 어떠했을까? 이 부분은 안수강 박사의 2017년 논문 '문선명의 종교적 배경과 『원리강론』에 나타난 그의 사상 분석'을 통해 알아보았다.

한국에서 태동한 기독교 이단종파들 중에서도 6.25동란 시기에 문선명에 의해 조직된 통일교는 국내에서뿐만 아니라 해외교포들 세계에서도 주목할 만한 규모로 성장했다. 또한 지구촌 각처에 산재한 굴지의 기업체들을 기반으로 정치, 경제, 사회, 교육, 문화, 스포츠 계 등 여러 방면에서 큰 영향력을 발휘하고 있다. 국제승공연합, 남북통일 국민연합, 초교파기독교협의회, 교수협의회, 전국대학생원리연구회, 국제기독학생연합회, 남북통일전국대학생

---

3) 박용규. 한국기독교회사. 서울: 한국기독교사연구소, 2016. 910-915.
4) 장차남. 제36회 총회장 권연호 목사의 사역과 행적. 신학지남 78. no. 3 (2011): 100-101.

연합 등을 조직하여 기성 교단 인사들, 정계와 학계의 지식층 저명인사들을 비롯하여 학생들을 포섭하고 있다. 통일교는 미션스쿨 계열에 적극적으로 침투하여 파급력이 지대하다는 점에서 가장 경계해야 할 대상이기도 하다.

통일교 창시자인 문선명의 본명은 문용명(文龍明)이며 1920년 1월 6일(음력) 평안북도 정주군에서 문유경과 김경계 슬하에서 차남으로 출생했다. 문선명의 친부인 문유경은 김경계의 세 번째 남편이었다. 문선명은 1945년 4월 최선길과 결혼하여 아들 문성진을 낳았으나 1957년에 축첩(蓄妾) 문제로 가정불화가 불거졌고 결국 최선길과 이혼했다. 1955년에는 이화여대 조교수였던 김영운을 비롯한 5명의 교수들과 이화여대생 70여 명이 문선명과의 혼음사건에 관련되어 기소되었는데 교수 5명이 면직되고 학생 14명이 퇴학을 당했다. 최선길과 이혼하기 2년 전인 1955년 5월에는 연세대생 김명희와 피갈음을 통하여 문희진이 출생했고, 1960년 4월에는 당시 여고 3년생이었던 한학자와 두 번째 결혼식을 올리면서(첫 결혼식은 평양에서 유부녀인 김 모 여인과 올림) '어린양의 혼인잔치'라고 명명했다. 한학자와의 사이에 문예진을 비롯하여 14명의 자녀를 두었으며 이 외에도 1966년 경 최순화와의 사이에 사무엘이 출생하는 등 1990년까지 4명의 여성에게서 모두 17명의 자녀를 두었다.

그는 1945년 10월 경 이스라엘수도원에 입문하여 김백문의 가르침을 받으면서 한층 이교사상을 고양하고 새로운 종파를 창시하는 비결을 섭렵할 수 있었다. 문선명은 이곳에서 후일 전도관을 설립할 박태선 등과 더불어 6개월 간 함께 수련했다. 이듬해 4월에는 이스라엘수도원의 상도동 집회소에 인도자로 파송 받아 실적을 쌓았고, 김백문의 『기독교 근본원리와 성신신학』에 기술된 교리를 대부분 그대로 답습하여 통일교 경전이자 교리서인 『原理講論』을 만들었다. 통일교에서는 성경을 버려야 할 낡은 등잔으로 비유하며, 문선명이 지은 원리강론으로 대체한다.

성경을 진리로 인정하지 않는다. 즉 기독교적인 용어와 성경에서 차용한 구조들을 사용하지만 기독교와는 근본적으로 기반이 다른 것이다. 그러므로 신론, 죄론, 기독론, 구원론, 종말론 등 모든 교리들이 정통 기독교와는 완전히 상이할 수 밖에는 없다. 통일교에서 말하는 하나님은 성경에 계시된 하나님이 아니다. 예수님의 십자가에 못 박히심은 죄의 대속이 아니라 사역의 실패이고, 죄는 천사와 인간 사이에 일어난 음행이며, 문선명이 재림한 메시야이고, 구원은 창조당시의 인간으로의 복귀이며, 이 복귀를 위해서는 인간이 책임을 분담해야 한다는 행위 구원론 등의 황당한 주장들인 것이다.

문선명은 1954년 5월 1일 서울 성동구 북학동 391번지에 현 통일교의 전신인 '세계기독교통일신령협회'를 만들었다. 나운몽의 용문산 애향숙(1947년), 문선명의 통일교(1954년), 박태선의 전도관(1955년) 등이 6.25동란을 전후한 10년 어간의 엇비슷한 시기에 발흥했다.[5]

박태선의 전도관과 문선명의 통일교는 현재 존재하는 한국내 기독교계 이단들 대부분의 뿌리가 된다. 인적계보도 그렇고 교리도 그렇다. 그런데 이들이 발흥하기 시작한 때가 바로 1954~1955년이라는 것이 묘하다.

1954년은 장로교 제39차 총회가 있었던 해이다. 한국교회에 주어졌던 신사참배의 죄악에 대한 마지막 회개의 기회였던 총회다. 1954년 4월 27일 총회 둘째날 저녁에 36회 총회장이었던 권연호 목사의 "우리의 죄로 인해 이 땅에 전란이 왔고, 이 민족 내 백성들이 수 없는 피와 살을 쏟고 찢었나이다. 교회가 갈라지고 38선이 가로막히게

---

5) 안수강. 문선명(文鮮明)의 종교적 배경과 『原理講論』에 나타난 그의 사상 분석. 신학과 복음 3. 2017.

된 것이 이 죄과인줄 확신하옵고..." 라는 내용의 신사참배의 죄악에 대한 애통하는 참회의 기도가 회의장에 울려 퍼졌다.

2년전 37회 총회에서 신사참배문제로 인하여 고신측도 분리되어 나간 마당에 이번 총회에서 만큼은 어떻게든 신사참배문제를 매듭짓고 가지 않으면 안 된다는 총의가 모아져, 신사참배 항거로 투옥된 바 있었던 '출옥성도' 이원영 목사를 위원장으로 임명하여 '신사참배취소성명 특별위원회'를 구성하였다. 그러나 이 위원회의 이름에 '회개'가 아닌 '취소'를 못 박은 점이 이미 하나님 앞에 진정으로 자복하고 회개하려는 의도는 아니었음을 추정 할 수 있다. 특별위원회가 고심하여 내놓은 보고서에 '신사참배 주동자 약간 명에 대한 책벌'을 시행하도록 하는 내용이 포함된 해결안이 총회에 헌의 되었으나, 결국 책벌 조항이 빠진 채로 신사참배결의 취소성명, 통회하는 기도 그리고 신사참배 순교자 유족에 대한 헌금 정도 선에서 마무리가 되었던 것이다. '통회의 기도'라는 것도 일부 소수의 인원만이 참석하여 1시간 가량 기도한 것이 전부였고, 정작 신사참배의 주동자들은 기도회에 참석하지 않았다고 한다.[6]

이와 같이 1954년 4월 장로교 제39차 총회의 '신사참배취소성명'은 어느 면을 보아도 결코 회개라는 이름을 붙일 수 없는 기만적 행위에 불과했다. 당시 지도자급들의 절대 다수가 신사참배 주동자들이었기 때문에 죄를 인정하고 책벌을 받는 안을 수용한다면 자신들의 교권이 흔들릴 수 있기 때문에 그들은 책벌과 회개의 안을 결단코 받아들일 수 없었던 것이다. 결국 1954년 장로교 총회의 '신사참배취소성명서'는 교회사가 김양선 목사의 말대로

---

6) 이재열. 대한예수교장로회의 '신사참배취소성명'(1954)연구. 국내석사학위논문 안동대학교. 2008. 경상북도.

'일부의 교권주의자의 자기 명예를 위한 제스추어에 불과한' 것이었다.[7] 이것은 한국교회를 사랑하시고 불쌍히 여기사 장로교 총회 차원에서의 마지막 회개의 기회를 허락하신 하나님의 면전에서, 하나님을 기만하고 모독한 신사참배의 죄악보다 더욱 큰 죄악을 행한 것이었다고 밖에 볼 수 없다.

문선명의 통일교 즉 그들의 공식명칭 '세계기독교통일신령협회'는 1954년 5월 1일 출범하였다. 바로 장로교 39차 총회(1954.4.23.~4.27.)에서 하나님을 기만하며 모욕하는 내용의 소위 '신사참배취소성명'이 결의된 직후에 한국교회의 가장 지독한 악성종양인 '통일교'가 실체로서 모습을 드러냈던 것이다. 이것이 신사참배의 죄악에 대한 회개를 거부하고 하나님을 능멸한 한국교회에 대한 하나님의 진노의 표지가 아니었겠는가?

그 다음해인 1955년 3월 28일 남산집회를 통하여 사실상 탄생한 박태선의 전도관도 마찬가지로 해석이 된다. 김치선 목사나 권연호 목사와 같은 당대의 내로라하는 정통교단의 영성가들이 박태선 같은 이단을 분별치 못함은 물론 오히려 키워주고 뒷 배경이 되어주고 집회 자리에서 안수기도까지 받았다는 것은 상식적으로도 이해가 될 수 없는 일이다. 그렇게 모두가 속을 수가 있단 말인가?

게다가 집회가 열린 장소가 '남산 조선신궁'터라는 것도 의미심장하다. 남산 조선신궁은 1938년부터 1945년 해방될 때까지 7년의 세월동안 수 없이 많은 한국교회 주의 종들과 성도들이 일본 귀신에게 경배하던 바로 그 영적 음행의 현장이 아니었던가? 한국교회가 신사참배의 죄악을 회개하지도 않은 상태에서 일본귀신과 영적으로 음행

---

7) 김양선. 한국기독교해방십년사. 대한예수교장로회총회종교교육부. 1956. 53.

하던 바로 그 자리에서 부흥집회를 열면 하나님께서 기뻐하시고 성령께서 역사하실까? 하나님은 만홀히 여김을 받으시는 분이 아니시다. 일제때 일본의 저급한 무속종교 천리교 교당이었던 건물을 해방후 미군정청으로부터 불하받아 교회로 사용한 영락교회와 경동교회도 마찬가지라고 본다. 지도자들의 영지가 흐려져 있었다.

남산집회에서 박태선에게 나타났던 능력과 표적들은 데살로니가후서 2장 9-10절 "악한 자의 나타남은 사탄의 활동을 따라 모든 능력과 표적과 거짓 기적과 불의의 모든 속임으로 멸망하는 자들에게 있으리니 이는 그들이 진리의 사랑을 받지 아니하여 구원함을 받지 못함이라"의 말씀대로 성령을 가장한 사탄의 활동이었으며 거짓 기적과 불의의 속임이었을 수 밖에 없다. 박태선은 신사참배의 죄악에 대한 회개를 거부하고 끝끝내 하나님을 기만하고 능멸했던 한국교회에 대한 하나님의 진노였으며, 하나님께서 허락하신 미혹의 역사였던 것이다.

이러므로 하나님이 미혹의 역사를 그들에게 보내사 거짓 것을 믿게 하심은 진리를 믿지 않고 불의를 좋아하는 모든 자들로 하여금 심판을 받게 하려 하심이라 (데살로니가후서 2:11-12).

'신사참배는 우상숭배가 아니라 국민의례'일 뿐이라는 거짓말을 받아들여 그 거짓말을 전교회적으로 선포하고 우상숭배를 실행했던 한국교회가, 신사참배에 대한 전교회적 회개도 하지 아니하고, '신사참배가 우상숭배가 아니라 국민의례'라고 했던 거짓선포에 대한 전교회적인 공적인 회개도 없었던 것이 그때로부터 지금까지 거짓의 아비 사탄이 뿌려놓는 미혹의 역사 이단이 너무나 심하게 기승을 부리게 되는 사태의 원인을 제공한 것이었다.

(2) 회개가 사라진 한국교회, 회개하지 않는 목사들, 무력화된 자기정화시스템

옛날 옛적 100년전 한국교회에서는 교인이 되기도 힘들고, 교인 자격 유지도 힘들었었다고 한다. 고신대학교 윤은수 교수는 '권징이 한국교회성장에 미친 연구'를 통하여 한국교회가 초기부터 권징(discipline)을 성실하게 시행하던 교회였고, 세례문답을 통하여 교인이 되고자 하는 자들의 삶부터 철저하게 살폈으며, 또한 이명(移名)도 철저하게 관리하여 교회를 옮기는 경우 반드시 이명증서를 교부하도록 하였고, 이명증서 없이는 타교회 교인을 본교회에 받아들이지도 않게 하였다고 한다. 심지어 이명증서에는 책벌사항까지 기록하여 이명을 받는 교회가 계속하여 교인들의 삶까지 돌아보도록 하였다고 한다.[8]

한국교회가 초기에 특별히 장로교회에서 권징의 시행을 철저히 했었음을 보여주는 연구는 또 있다. 이정숙 전 횃불트리니티대학원대학교 총장의 '16세기 제네바교회와 21세기 한국장로교회 -권징/치리를 중심으로'에서 한국교회 초기 권징에 대한 권평의 연구를 인용한 내용이다. "권평의 연구는 1913년부터 1929년까지의 당회록에 나타난 권징과 입교, 이명 등에 대한 사례 연구인데 이 시기 당회록의 40% 이상이 권징과 관련된 내용이라고 한다. 이 논문은 초기 한국장로교회에서 치리의 전통은 엄격하게 자리잡았다고 주장한다. 새문안교회 초대장로 두 사람이 치리를 받았는데 한사람은 교직을 정지당하고 다른 한 사람은 출교를 당하였다. 무엇보다 중요한 것은 교인들이 본인의 결정에 의해 교회를 옮겨 다니는 것을 막기 위하여 교회 간 교인의 이명(移名)을 문서로 분명하게 하였다는 것이다. 이 제도는 치리를 받은 교인이 다른 교회로 옮겨가는 일은 막을 수 있었다. 이러한 모습은 김포읍교

---

8) 윤은수. 권징이 한국교회성장에 미친 영향에 관한 연구. 고신신학 -.20 (2018): 372.

회에도 동일하게 적용이 된다. 김포읍교회에서 연구기간동안 책벌을 받은 사람들의 이유는 음주(飮酒)와 이혼, 첩을 들이거나 아내를 버린 일, 주일을 지키지 않은 일, 천주교를 믿은 일, 불신자와 결혼하거나 결혼시킨 일, 병에 걸려 소경을 청하여 독경(讀經)한 일, 우상숭배, 제사 등이다. 그런가 하면 출교 제명한 경우도 상당 수 있는데 예를 들어 1924년에는 5개월 동안 31명이 출교되었다는 것이다. 책벌과 함께 해벌된 경우도 기록되었는데 해벌은 회개한 거동이 현저한고로, 또는 회개한 표가 있음으로 혹은 회개하고 예배당에 잘 다니는고로, 또는 회개한 증거가 있음으로 이루어졌다고 한다."9)

윤은수 교수는 한국교회가 일제 말엽 신사참배로 말미암아 상회인 총회와 노회가 권징의 대상이 되었고 그로 말미암아 하회인 당회가 성도들을 제대로 권징할 수 없는 교회가 되었다고 분석하고 있다.10) 현대 한국교회의 권징이 사라지거나 제대로 시행되지 않고 있는 이유가 바로 신사참배에 있었다는 것이다. 신사참배라는 죄악의 실행 결의를 총회와 노회가 하였으므로, 총회와 노회가 죄를 지은 것이므로, 총회와 노회가 권징을 받아야 하는데 스스로를 재판하고 책벌하지 않는 다음에야 상위 기관이 없는 상태에서 권징이 이루어질 수가 없었던 것이다. 해방 후 신사참배에 대한 자숙안은 거부되었으므로 총회와 노회는 신사참배 결의와 실행에 대한 판단과 책벌을 받지 않은 것이 되는 것이다. 그러므로 개교회의 권징기관인 당회의 권징도 권위를 인정받을 수 없고 무력하게 된 것이다.

9) 이정숙. 16세기 제네바교회와 21세기 한국장로교회 -권징/치리를 중심으로-. 갱신과 부흥 15.- (2015): 1-23.
10) 윤은수. 권징이 한국교회성장에 미친 영향에 관한 연구. 고신신학 -.20 (2018): 373.

이후 한국교회에는 권징의 시작인 세례의 권위도 없어졌고, 성도들의 교회 이동에 있어서 이명증서의 교부도 사라졌다. 이것은 교회의 자기 정화 시스템을 파괴해 버린 것이다. 목회자의 죄에 대해서 노회와 총회의 재판은 엄정하여야 하는데, 엄정한 재판과 책벌은 한국교회에서 찾아 보기가 어렵다. 사회적으로는 큰 물의를 빚을 만한 사건도 교회 재판에서는 대부분 봐주기식으로 가벼운 책벌을 내리는 형편이며, 심지어 면죄부를 주는 도구일 뿐이었다. 목회자에 대해서도 교회의 권징이 사실상 무력화되었는데 교인들에 대해서 권징이 가능하지 않은 것은 자명하다. 교회의 성장을 위하여 타교회에서 문제를 일으키고 이명한 교인들을 환영하며 받아들이고 직분을 주는 일들이 오히려 자연스러운 것이 작금의 한국교회의 현실인 것이다. 공동체내에서 죄에 대한 책벌이 사라지면 공동체내에 죄가 만연해 질 수밖에 없고, 결국 그 공동체는 병들게 되며 조직으로서의 생명력을 잃어 최후에는 조직의 죽음을 맞게 될 것이다. 권징이 무력화된 한국교회가 지금 그 수순을 밟고 있다.

"최근 5년간(2010-2014) 강간과 추행의 성범죄를 저지른 전문직 성범죄 3,050건 가운데 성직자의 성범죄가 1위... 단일직종 성범죄 1위 직업군이 목사...(중략)... 2016년 대한예수교 장로회 합동교단의 평양노회와 총회가 대법원에서 성추행 판결을 내린 J 목사에 대해 '사람은 잘못 할 수 있다. 그걸 자꾸 파내서 거룩하신 하나님을 욕되게 하는가?'라며 개인논리로 접근하여 사도신경에 명시된'거룩한 공회'의 정체성을 훼손하면서까지 징계하지 않은 일..."[11]

---

11) 강호숙. (2018). 교회리더의 성(聖)과 성(性)에 관한 연구: 성의 사각지대를 형성하는 교회 메커니즘 문제에 대한 실천신학적 분석. 복음과 실천신학, 47, 11-12.

성범죄 1위 직업군이 '목사'라는 것이 부끄럽지만 한국교회가 정직하게 마주 대하여야 할 자화상이다. 교회의 권징이 사라짐으로 인해서 생긴 현상인 것이다. J 목사 사건에 있어서도 사회법으로 유죄판결을 받은 건에 대해서 총회와 노회에서는 '사람이 그럴수도 있다 라며 감춰주고 감싸주는' 판결을 내렸다. 세상을 향하여 죄에 대해 책망하고 회개를 선포해야 할 거룩한 교회의 최상위 기구의 판결이라고는 믿을 수 없는 행태였다. 이것이 한국 교회에서 예외적인 현상이 아니라는 것이 더욱 충격적이다. 이것이 어느 교단을 막론하고 한국교회 교회재판 판결의 전형적인 양태인 것이다. 죄에 대해 아주 극단적으로 무감각해져 버린 한국교회의 현실을 보여주는 것이다. 교회의 생명력은 거룩성에서 나오는 것인데 한국 교회는 거룩성을 잃어버린 상태에 가까우므로 생명력을 찾아보기가 힘들게 된 것이다. 살았다 하는 이름은 가졌으나 실상은 죽은 자와 진배없다. 조직이 크고 인수가 많으며 재정이 풍부하고 사업이 활발하니 살아있는 것처럼 보이는 것이고 스스로도 속고 있는 것이다.

한참 늦었지만 지금이라도 한국교회는 잘못 끼워진 첫 단추, 권징이 무력화된 원인인 신사참배에 대한 총회와 노회, 당회차원의 공적인 회개와 스스로에 대한 책벌을 시작으로 교회의 자기 정화시스템을 재생시켜야만 거룩함과 생명력을 회복할 수 있을 것이다.

2. 고통당하고 있는 북한의 교회와 우리 동포들

북한 사회 전체가 거대한 '정치범 수용소'이다. '정치범 수용소' 이 한마디가 북한을 설명하기에 가장 적합한 말인 것 같다. 북한 정치범수용소는 북한당국의 체계적이고 조직적인 인권침해실상을 가장 극명하게 보여준다는 점에서 국제사회의 특별한 우려와 주목을 받아왔다. 또한 북한당국이 북한주민들의 정치적 저항을 원천적으로 차단하기 위한 장치로 정치범수용소를 활용하여 왔다는 점에서, 일부에서는 북한사회 전체를 '거대한 정치범수용소'로 비유하기도 하였다.12)

북한은 생각할 자유조차 없다. 북한은 수령 우상숭배와 수령에 대한 절대적 복종 이외에 다른 것을 생각할 수 조차 없게 만드는 체제이다. 2014년 유엔인권이사회는 북한에 대해 다음과 같은 보고하고 있다.

북한의 역사를 통틀어 가장 독특한 특성 중 하나는 국가가 정보를 완전히 독점하고, 조직화된 사회생활을 철저히 통제하고자 한다는 것이다. 조사위원회는 북한에서 사상 양심 종교의 자유 및 언론 표현 정보 결사의 자유도 거의 완전히 부정되고 있다는 사실을 확인하였다. 북한에서 국가는 주민들에게 유년기부터 최고지도자('수령')에 대한 공식적인 개인숭배와 절대적 복종을 하도록 만드는 사상교양체계를 운영하여 공식 이념과 체제 선전으로부터 벗어난 어떠한 사상도 효과적으로 차단하고 있다. 북한에서 정치 선전은 일본, 미국, 한국을 포함한 북한의 적대 세력 및 그 국민에 대한 민족적 증오심을 조장하는 데 사용된다. 북한 당국은 수령에 대한 개인숭배에 이념적으

---

12) 이금순. 북한 정치범수용소.-- (2012). 통일연구원. 3.

로 도전하고, 국가의 통제 밖에서 사회적 정치적으로 조직 및 교류할 수 있는 발판을 제공한다는 이유로 기독교의 전파를 특히 심각한 위협으로 간주하고 있다. 당국의 통제를 받는 몇몇 교회를 제외하고 기독교인들은 종교활동이 금지되며 박해를 받고 있다. 기독교 신자들은 적발되면 가혹한 처벌을 받으며, 이는 종교의 자유에 대한 침해인 동시에 종교에 대한 차별 금지를 위반하는 것이다.[13]

통일부는 2023년 북한인권보고서를 통하여 북한 당국에 의한 자의적 생명 박탈을 다음과 같이 알리고 있다.

국경지역에서 사법절차를 거치지 않고 생명을 박탈하는 즉결처형 사례가 지속적으로 수집되고 있으며, 구금시설에서 수형자가 도주하다가 붙잡혀 공개처형 되거나 피구금자가 구금시설에서 출산한 아기를 기관원이 살해한 사례도 있었다. 이러한 영아살해 사례들은 모두 중국에서 임신한 채로 강제송환되어 온 피구금자를 대상으로 이루어졌다. 2014년에 중국에서 강제송환된 여성이 임신 8개월 상태로 구금되었는데, 기관원이 중국 아이를 임신했다는 이유로 분만유도제를 통해 출산하게 한 후, 살아서 태어난 아기를 살해했다고 한다. 또 다른 증언은 2011년 강제송환되어 집결소에 구금되어 있을 때 수용실에서 영아살해를 목격한 경우였다. 동료 수감자 중 1명이 강제송환된 만삭의 임신부였는데, 수용실에서 아기를 출산하자 집결소 소장이 중국 아이라는 이유로 살아서 태어난 아기를 죽이라고 지시하여 계호원이 아기를 질식시켜 죽였다고 한다.

성경 소지 등 종교행위를 이유로 한 사형 사례가 수집되었는데, 한 북한이탈주민은 2018년에 평안남도 평성시에

---

13) 통일연구원. 2014 유엔 인권이사회 북한인권조사위원회 보고서.-- (2014). 7-9.

서 열린 18명에 대한 공개재판에서 그 중 1명이 성경을 소지하고 기독교를 전파한 행위로 사형을 선고받고, 곧바로 공개 총살되는 것을 목격했다고 한다. 다른 증언자는 2019년에 평양시에서 비밀리에 지하교회를 운영했다는 혐의로 한 단체가 일망타진되어 운영자 5명이 공개 처형되고 나머지 단원들은 관리소나 교화소로 보내졌다고 진술하였다.

임신부에 대한 사형 사례도 수집되었다. 증언자의 진술에 따르면 2017년 집에서 춤추는 한 여성의 동영상이 시중에 유포되었는데, 영상에서 손가락으로 김일성의 초상화를 가리키는 동작이 문제가 되어 사상적으로 불온하다는 이유로 그 여성을 공개처형했다고 한다. 처형 당시 여성은 임신 6개월이었다고 한다.[14]

미국 국무부는 매년 각국의 인권보고서를 발표하고 있다. 미 국무부는 2010년 연례 인권보고서에서 북한의 인권 상황에 대해 "암울하다"고 평가하면서 교화소나 정치범수용소 등에서 혹독하고 체계적인 인권유린이 자행됐다고 지적하였다. 미국에 소재하고 있는 북한인권위원회(Committee for Human Rights in North Korea: HRNK)는 2012년 4월 북한 정치범수용소 실태를 고발하는 보고서 Hidden Gulag(숨겨진 수용소) 제2판을 발간하였다. 휴먼라이츠워치(Human Rights Watch)와 국제앰네스티(International Amnesty)는 대표적인 북한인권NGO다. 휴먼라이츠워치는 2011년 연례 인권보고서에서 북한을 인권문제국가로 지목하면서 정치범수용소에서의 인권유린 및 공개처형, 중국 체류 탈북자 등의 인권실태를 공개하였다. 2012년 연례 인권보고서에서도 북한 정권은 조직적으로 주민의 인권을 억압하고 있으며, 심각한 인권 침해가 고질적으로 일어나고 있다고 평가하였다. 정치범수용소에 대

---

14) 통일부. 북한인권보고서. 2023.

해서는 어린이를 포함한 많은 주민들이 집단처벌이란 부당한 이유로 갇혀있다고 비판하였다. 국제앰네스티는 2011년 5월 3일 홈페이지에 공개한 보고서에서 요덕 15호 관리소에서 수용생활을 했던 사람과 전직 교도관의 증언을 인용하여 수용자들이 노예 수준의 강제노동과 고문 등 갖가지 인권유린을 당한다고 지적하였다.[15]

이와 같이 북한은 일부 종북세력을 제외한 전세계가 인정하는 현세 지옥인 것이다. 이 현세 지옥을 만든 것은 김일성 세습우상 독재집단이지만 배후에는 어두움의 세상 주관자인 사탄이 있으며, 그 영적인 원인은 한국교회의 신사참배 죄악을 회개치 않음에 있다.

6.25전쟁의 휴전으로 인한 조국의 재분단으로 한반도 북부의 권세를 유지할 수 있었던 김일성 공산주의 세력은 북한을 세계 역사상 가장 극악한 독재와 반기독교적 체제로 만들어 버렸다. 김일성은 모든 교회를 문닫게 하고 주의 종들을 처형하며 성도들을 강제노동수용소에 가족과 함께 일평생 가두고 기독교를 북한 전역에서 완전히 말살하려 하였다. 살아남은 일부 소수의 신자들이 비밀스럽게 신앙을 유지하고 있다는 소식만이 비밀스러운 경로들을 통하여 이따금씩 전해지고 있을 뿐이다. 그리고 현재 북한에서는 일제치하 신사참배보다 훨씬 더 강압적이고 지독한 우상숭배를 온 국민이 강요당하고 있다.

오창희 목사는 '신사참배 아직 끝나지 않은 문제'에서 북한의 비극이 신사참배의 죄악을 회개하지 않은 것에 그 원인이 있다는 것을 아래와 같은 내용으로 설명하고 있다.

---

15) 이금순. 북한 정치범수용소.-- (2012). 통일연구원. 87-88.

북한 정권이 수립된 날짜가 1948년 9월 9일, 이 날은 신사참배를 결정하기 위해 장로교 총회가 모인 날(1938년 9월 9일)로부터 정확하게 10년이 되는 날인 것 그리고 이로부터 다시 10년이 지난 1958년 주민 성분 조사사업을 통한 교회 말살 정책이 실시된 사실, 고대 이스라엘의 솔로몬 성전이 바벨론의 침공에 의해, 헤롯성전은 로마군에 의해 파괴되었는데 파괴된 날짜가 같다는 것이 우연이 아닌 것으로 유대인들이 여기고 있는 것처럼, 1948년 9월 9일에 북한 정권이 수립된 것도 결코 우연이 아닌 것이다. 게다가 1907년 평양대부흥이 일어났던 장대현교회 자리에 1972년 김일성의 60회 생일을 기념하여 20미터 높이의 거대한 김일성 동상이 세워져서 경배 받고 있는 것도 결코 우연일 수가 없다는 것이다. 하나님께서는 한국교회가 신사참배하기로 결의한 날로부터 정확히 10년 후에 북한 지역을 원수의 손에 넘겨주셨고 20년 후에는 공식적으로 북한 땅에 있는 교회의 문을 닫으신 것이다. 하나님께서 스스로 그 성전을 던져버리신 것이다. 그리고 70여년이 지난 지금까지도 북한 땅을 영적으로 황무하게 하셨다는 것이다.[16)

오랜 기간 북한 선교를 했던 총신대 김성태 교수는 지금도 북한에 봉수교회나 칠골교회 같이 북한당국이 내세우는 선전용 교회가 아닌, 정말로 비밀스럽게 존재하는 지하교회가 있다는 것을 신학지남에 기고한 논문 '북한교회의 고난의 발자취와 통일된 한국교회의 사명'을 통하여 밝히고 있다. 그리고 이 지하교회중의 상당수가 6.25전쟁 이후 김일성의 북한교회 압살정책을 예견하고 미리 준비하여 조직적으로 지하로 잠적한 교회라는 것이다. 지금도 장로교, 감리교, 성결교, 동아기독교회 등의 교단별로 전국적인 조직체계와 연락망을 유지하고 있다는 것이다. 그들이 대를 이어 신앙을 전수하며 교회를 유지하고 있다는 놀라운 이야기들을 밝히고 있으며 김성태 교수는 그 증

---

16) 오창희. 신사참배. 서울: 예영커뮤니케이션, 2021. 139-141.

거들도 다수 확보하고 있다는 것이다.

그리고 북한 지하교회는 신사참배의 죄악에 대한 뼈를 깎는 철저한 회개의 기도를 하고 있다고, 신사참배의 죄악에 대한 하나님의 진노로 인하여 오늘날 북한이 우상의 나라가 된 것으로 북한 지하교회는 믿고 있다고 전한다. "2000년도 중엽에 북한교회 최고 지도자에게 받은 편지는 의미심장한 내용을 담고 있었다. 북한교회의 시련이 일본 식민주의 시대에 평양에서 이루어진 일련의 신사참배 결의와 연관되어 있다는 것이다. 그는 구체적으로 장로교회 총회 결의와 감리교회 및 성결교회의 신사참배 총회결의를 지적하고 있었다. 이로 인한 하나님의 진노가 동방의 예루살렘이라고 불렸던 북한의 수도 평양에 임하였으며, 오늘날 북한은 전역이 우상의 나라가 되었다는 것이다. 북한의 교회지도자들은 교파를 초월하여 이 민족적인 죄악을 기억하고 있으며, 지금까지 뼈를 깎는 철저한 회개의 기도를 드리고 있었다. 그분들은 김일성 우상숭배의 나라에서 과거의 실패를 반면교사로 삼아서 주기철 목사님의 일사각오의 신앙과 에스더의 "죽으면 죽으리라"의 각오를 가지고, 신앙생활을 하고 있다고 하였다. 북한교회는 외부와의 69년동안의 단절 속에서 각 교단의 신학적 색채를 그대로 유지하고 있으나 신앙은 더욱 깊어지고, 성화되었으며, 무엇보다 각 교단을 대표하는 북한 지하교회의 지도자들은 서로 간에 상부상조하고 있으며, 굳게 그리스도의 사랑으로 결속되어있다."[17]

김일성은 1947년 이후에 자신의 외종 6촌 삼촌이 되는 후평양신학교 출신 강양욱 목사를 앞세워서 '조선기독교도연맹'을 만들어 북한의 교회지도자들을 포섭, 회유하려고 하였고 김익두 목사를 비롯한 약 3분의 1가량의 목회자

---

17) 김성태. 북한교회의 고난의 발자취와 통일된 한국교회의 사명. 신학지남 87.3 (2020): 21.

들을 연맹에 가입시키는데는 성공하였으나, 6.25전쟁을 통하여 그것마저 결국은 실패한 것으로 드러났다. 일부는 공산당원이 되었지만 대부분의 목사들과 기독교인들은 조선기독교도연맹에 가입은 하였더라도 내심으로는 반공주의자였던 것이다. 김일성은 그후 6.25 전쟁 기간 동안 대표적 민족 지도자이며, 평양 산정현교회의 장로인 조만식 선생을 살해했고, 인천상륙작전으로 후퇴하는 와중에 황해도 신천서부교회에서 새벽예배를 인도하고 있던 김익두 목사마저 살해하였다.

1920년대 침체 되었던 한국 교회의 교세를 다시 일으켜 세우게 했던 놀라운 권능의 부흥사 김익두 목사의 순교의 모습에 대해서 서로 다른 사람에 의한 여러 개의 목격담이 있고 이 증언들은 서로의 부족한 부분을 보완해 주며 전체적인 순교의 모습을 완성작으로 우리에게 알려주고 있다. 이 증언들을 종합해 보면 김익두 목사는 인민군 패잔병들에 의해 우연히 죽임을 당한 것이 아니라, 살해를 목적으로 북한 당국에 의해 파견된 자들에 의해 순교한 것임을 알 수 있다. 김익두 목사는 해방 후 월남하지 않고 북한 교회를 지키고 있었던 중에, 강양욱의 '조선기독교도연맹'에 가입하는 등 친공산주의 활동을 한 것으로 오해받고 있으나, 김익두 목사는 북한 김일성 집단의 패망과 남한에 의한 자유통일을 간절히 소망하고 있었던 것을 알 수 있고 북한 당국도 그것을 잘 알고 그를 적대시하며 감시하고 있었던 것을 알 수 있다.

첫 번째 증언, 1950년 10월 14일 신천 서부교회에서 새벽기도회를 인도하던 김익두 목사는 패주하던 인민군 아홉 명에 의해 살해됐다. 이 현장을 직접 목격했던 한춘근은 인민군들이 총 끝에 장착된 칼로 김익두 목사의 등과 가슴을 찔러 죽였다고 증언하고 있다. 김익두 목사는 마지막 순간까지 하늘을 우러러 두 손 모아 하나님을 불렀

다. 그리고 "주여"라는 마지막 외침과 더불어 장렬한 77년의 생애를 마쳤다.[18]

두 번째 증언, 1950년 10월14일 새벽종을 치고 새벽기도회를 가졌다. 설교하면서 하는 말이 "우리 국군과 유엔군이 북진하다니 이제는 통일이 되고 예수 믿고 주일도 지키고 마음 놓고 살 수 있게 되었으니, 하나님 은혜 감사합니다." 하고 찬송하는 소리 있어 항상 기뻐하도다 찬송하고 축복기도도 하고 "유엔군과 국군이 신천에 오는 날 우리 교회서 환영 예배를 봅시다." 하며 대한민국 만세 삼창을 부르는 것을 인민군이 잠복하고 다 들었다. 교인은 다 헤어졌다. 목사는 감사와 찬송으로 기도하고 찬송하니 인민군이 들어와 강단에서 죽이지 못하고 찬양대 준비실로 끌어내려 총으로 쏘니 한 발은 왼편 가슴으로 관통하고, 한 발은 중심을 뚫었는데 목사는 엎어졌고 어찌나 칼로 찔렀는지 난장이 되어 방안이 피로 엉키었다."[19]

세 번째 증언, 1950년 6.25가 터지고 몇 개월이 지난 10월에 숨어있던 신천읍 청년들이 지하공작을 펼치기 시작했고 아군 비행기에서는 UN군이 상륙했다는 전단이 뿌려졌다. 이러한 사실을 안 김익두 목사는 10월14일 새벽종을 치고 새벽기도회를 인도했고 임순실 권사의 아버지인 임성근 전도사도 집에서 20미터 정도 떨어진 교회에 가서 함께 예배를 드리고 있었다. 설교를 마치고 "찬송하는 소리 있어 항상 기뻐하도다" 5장 찬송을 하고 모두 함께 '만세 삼창'을 불렀다. 이렇게 예배가 진행되고 있을 때 임성근 전도사의 딸인 임순실 권사(당시 19세)가 아침 밥을 짓기 위해 밖으로 나오니 교회 아래에 있는 건물 뒤에서 군복을 입은 사람들이 총을 들고 교회를 향하여

---

18) 양현표. 김익두 목사의 생애와 신학. 신학지남. (2014): 283.
19) 편집부. 김익두 목사." 새가정. 1. 1978. 101.

몸을 움직이고 있었다. 임 권사는 생각하기를 "국군이 빨갱이들을 잡으려고 오는가 보다"하며 좋아했는데 갑자기 군인 중 하나가 총을 겨누면서 손을 들고 자기 쪽으로 오라고 위협을 하여 그곳으로 가보니 국군이 아니라 괴뢰 군이었다. 임권사의 등에다 총부리를 댄 괴뢰군들은 교회문 앞까지 이르자 눈짓으로 임권사에게 "가라"고 했다. 그 길로 임권사는 목사님 집으로 뛰어들어 갔고 괴뢰군들은 바로 교회 안으로 들어가 무자비하게 사격을 가했다. 총에 맞은 김익두 목사는 하나님 아버지! 하며 한 마디를 남기고 쓰러졌고 이 때 임성근 전도사도 총에 맞아 사 망했다. 당시의 상황을 임순실 권사는 이렇게 말한다. "4~5명의 괴뢰군들이 문을 박차고 교회에 들어가면서 김익 두 이 새끼 어디 갔느냐고 소리를 지르며 총을 쏘았고 교회 안에서 총에 맞아 부상당한 성도들은 창문을 통해 빠 져 나왔고 14세 난 옆집 남자 아이는 손에 관통이 되었다"고 말했다. [20]

1958년 북한에서는 주민성분조사 사업을 벌였고 그 결과 기독교인들에 대한 대학살극이 벌어졌다. 이때에 수천 명의 기독교인들이 공산당에 의해 혹독한 고문을 당하고, 순교의 제물이 되었다고 한다. 이 시기에 순교 당한 교 인들의 모습과 그들의 장엄한 순교 순간을 당시에 살아남은 북한교인들이 기록으로 남겼고 지금도 그것을 잊지 않고 있다고 김성태 교수는 아래와 같이 전하고 있다.

"전쟁이 끝난 이후에 패전의 책임과 김일성 독재의 아성이 위협을 받게 되자 1958년 3월에 열린 조선노동당 당 대표자회의를 기점으로 종파분자 투쟁을 벌이고, 전 북한주민을 대상으로 2년에 걸쳐서 주민 성분조사를 실시하 였다. 조사 내용은 남조선군대가 공화국으로 진격해 올라왔을 때 반공단체에 가입한 인원, 6.25 전쟁 기간에 남조

20) 강명주. 김익두 목사와 함께 총맞아 순교한 임성근 전도사 - 그의 딸 임순실 권사가 증언. 새가정. 12. 1984.

선 군대에게 포로가 되었던 인원, 남조선으로 넘어갔거나 건너간 것으로 의심되는 가족인원, 종교를 믿었던 인원, 김일성의 독재주의 체제와 노선을 정면으로 반대하였거나 비판한 인원 등을 조사하여 반혁명분자, 반동분자, 반역자라고 낙인을 찍어 무자비하게 마구잡이식으로 처형하였으며 남녀노소 가림없이 무차별적으로 철장 속으로, 탄광으로 끌어가거나 추방하였고, 집단수용소에로 보냄으로 김일성의 일당 독재와 개인우상화를 강화하였다. (주: 지하에 숨어 활동하는 북한장로교회의 최고지도자는 한국전쟁을 전후로 해서 순교하거나 추방당한 장로교회의 중요 지도자들의 행적을 기록하고 있다. 이것을 공개하지 못하는 이유는 그들과 연관된 교인들과 가족들의 안위와 지하교회의 조직을 노출하지 않으려는 주된 이유가 있다. 김성태 교수는 이들이 전달해 준 일부분의 주요 기록들을 보관하고 있다. 이것은 장로교회 뿐 아니라 성결교회, 감리교회, 동아기독교회의 지도자들의 경우도 마찬가지이다)[21]

---

21) 김성태(Kim Sung Tae). "북한교회의 고난의 발자취와 통일된 한국교회의 사명." 신학지남 87.3 (2020): 10-12.

3. 회개를 하기는 하였다 : 신사참배의 죄악에 대한 회개 선언들

(1) 각 교단들의 회개선언들

가. 기독교대한감리회
2018년 10월 31일 기독교대한감리회는 제33회 총회에서 과거 일제하 신사참배결의를 취소하고 죄책 고백문을 발표하였으며, 감독회장과 11개 연회 감독과 총회원 전원이 무릎을 꿇고 신사참배 했던 감리교회를 용서해 달라고 간구하는 기도를 올렸다. 다음은 당시 기독교대한감리회가 발표했던 죄책 고백문이다.

- 죄책 고백문 : 한국감리교회의 신사참배를 회개합니다 -

출애굽기 20:5 "그것들에게 절하지 말며 그것들을 섬기지 말라"
우리는 우주만물을 창조하시고 인류역사를 섭리하시며 인간의 생사화복을 주관하시는 살아계신 하나님의 인도하심을 따라 새롭게 변한 시대와 사회 속에서 예수 그리스도의 사랑과 평화의 복음을 전하고 증거 해야 하는 긍지와 사명을 지니고 있다. 19세기 말 전해진 복음으로 한국감리교회는 지난 20세기를 통하여 하나님이 예수 그리스도와 성령님을 통하여 주신 사랑과 정의와 구원의 시대적 사명을 주체적으로 감당하기 위하여 의미심장한 역사의 지평을 열어왔다. 대한민국의 산업화와 민주화를 이루며 통일한국을 견인하고 있다. 우리가 현재 살고 있는 21세기는 지난 세기와는 전혀 다른 삶의 환경을 만들어 내고 있으며, 특히 한반도와 동북아시아의 미래를 평화와 통

일의 축으로 진행하며 전 인류를 향한 희망의 소식을 전하고 있다. 한국감리교회가 새 시대에 하나님께서 주신 새로운 사명을 감당하려면 지난 역사에서 발생한 어두운 변절과 굴복을 철저하게 성찰하고 회개하는 신앙고백의 천명으로부터 가능하게 된다. 일제가 1937년 중일전쟁을 일으키면서 폭압적으로 자행한 신사참배 강요에 타협하는 굴종의 모습을 보여주었다. 1938년 총리사의 명의로 '신사참배는 국가의식으로 종교가 아니며 기독교 교리에 위배 되지 않는다.'고 통고문을 냈으며, 제3회 총회 때인 1938년 10월 7일에는 감리교인 7천여 명이 황성요배와 황국신민서사를 제창한 후 남산 조선신궁을 참배하기도 했다. 신사참배는 창조주 하나님 신앙에서 볼 때 신격화된 천황에 대한 숭배요, 또한 민족적인 양심에서 받아들일 수 없다. 더욱이 일제는 중국대륙 침략, 태평양전쟁, 제2차 세계대전을 일으키면서 전쟁 수행의 정신적 통제와 지배의 야만적인 수단으로 신사참배를 강요했으니, 결국 그것은 일제의 폭력과 전쟁 신에 굴복하여 절하는 우상숭배이다. 한국감리교회는 해방 후 다른 교파들과 마찬가지로 신사참배 등 일본 군국주의와 침략주의에 굴종한 어두운 역사를 철저하게 성찰하지도 청산하지도 못했다. 그것은 현재에 이르기까지 신앙공동체의 체질 속에서 하나의 암적 요소로 작용하며 새롭고 밝은 역사 창출을 방해하고 있다. 이로 인하여 물신숭배가 지배하는 영적 암흑기를 맞이하게 되었다. 이에 한국감리교회는 제33회 총회를 맞이하여 과거 불행한 시대에 있었던 신사참배의 어둔 행위를 창조주 하나님과 구원의 예수 그리스도와 보혜사 성령님의 인도하심을 따라 민족과 인류 앞에 철저한 회개의 과정을 거쳐 새로운 신앙공동체로 거듭날 것을 다짐한다. 한국감리교회는 이 시대가 요청하는 한반도와 인류의 생명과 평화와 통일의 밝은 여정을 주체적으로 열어가는 주님의 몸 된 교회가 될 것을 결단하며 선언하는 바이다.

2018년 10월, 기독교대한감리회 제33회 총회원 일동[22]

2013년 4월 5일 기독교대한감리회 서울연회는 제33회 연회에서 신사참배의 죄를 회개하기로 결의하고 공동기도문을 채택하였으며, 참석자 전원이 기립하여 다음과 같은 내용의 공동기도문으로 기도하였다.

- 기독교대한감리회 서울연회 신사참배회개 공동기도문 -

주여, 신사 참배한 죄를 용서해 주십시오. 살아계신 하나님! 우리 겨레 어두웠을 때 이 땅에 감리교회를 세우셔서 겨레를 일깨우고 겨레의 구원과 독립을 위해 빛나는 선구자가 되게 하신 그 은혜를 감사드립니다. 그러나 우리 감리교회가 일제 강점기에 하나님과 민족 앞에 저지른 죄를 **뼈**를 깎는 심정으로 회개합니다. 일제의 강압에 못 이겨 신사참배 함으로써 겨레의 가슴에 깊은 상처를 남겼던 우리의 죄악을 용서해 주십시오. 주님, 감리교회가 정말 잘못했습니다. 신사참배 하였습니다. 오직 하나님 한 분만 섬겨야 할 우리 감리교회가 일제의 강요에 무릎을 꿇고 제일 먼저 신사참배를 받아들였습니다. 1936년 6월 29일 신사란 종교가 아닌 국민의식이라는 일제의 거짓 논리를 그대로 받아들여 지도자와 온 교회가 1계명을 어기고 일본 태양신의 우상들을 간음하듯이 섬겼습니다. 주님, 거룩하신 하나님께 예배 드려야 하는 교회가 일본식 국민의례 순서인 묵도, 동방요배, 황국신민서사 낭독 따위로 예배를 진행하여 결국은 우상숭배의 씻을 수 없는 죄를 저질렀습니다. 1938년 10월 7일 제3회 총회에 참석한 총대는 물론 목회자와 평신도, 학생들까지 남산 조선 신궁으로 가서 신사참배하는 돌이킬 수 없는 죄를 저질렀습니다. 나아가서 일제의 시조신인 천조대신의 이름으로 신도 세례를 받음으로 거룩하신 주님의 이름을 욕되게 하였습니다. 주님, 하나님의 말씀을 역사 속에 전해야 하는 우리 감리교회가 일제의 군국주의 이념을 선전하는 나

---

22) 이병왕 심자득, 기독교대한감리회 <제33회 총회> 둘째 날, 당당뉴스, 2018.10.31.

104

팔수가 되어 젊은이들을 전쟁 마당으로 내몰아서 고귀한 생명들이 희생당하게 하였습니다. 주님, 불의에 맞서 하나님의 정의를 담대하게 선포해야 할 우리 감리교회가 하나님의 재산인 교회를 팔아 기관총과 비행기를 사서 일제에 바치고, 교회의 종을 떼다 바치는 등 일제의 전쟁물자 모집에 앞장서고 침략전쟁에 적극 협력하는 대죄를 저질렀습니다. 주님, 일제 강점기에 우리 한국 감리교회는 하나님과 민족의 역사 앞에 돌이킬 수 없고 용서받을 수 없는 큰 죄를 지었습니다. 해방 후에도 우리 감리교회는 신사참배와 부일협력에 대해 부끄러운 지난날의 죄악을 참으로 회개하지 않았습니다. 더욱이 자유당 정권의 부정과 부패를 막지 못하고 오히려 정권에 빌붙어서 부패한 독재정권의 연장을 위해 애썼습니다. 독재정권을 진리의 말씀으로 심판해야 할 교회가 예언자적 사명을 잃어버리고 부정과 부패구조의 일원이 되는 큰 죄를 민족과 역사 앞에 저질렀습니다. 그로부터 77년이 지난 오늘, 이대로 나아가다가는 우리나라가 무너지고, 한국교회가 빛을 잃어버리고, 우리 감리교회가 추락할 것만 같아 마음을 찢으며 주님 앞에 회개합니다. 자비로우신 하나님, 신앙양심을 지키지 못하고 신사참배에 앞장섰던 우리 감리교회의 죄악을 회개하오니 너그럽게 용서해 주십시오. 깨끗하게 씻어주십시오. 다시는 하나님과 민족의 역사 앞에 그리고 끝까지 신사참배 반대하다가 쓰러져간 믿음의 선조들 앞에 부끄러운 죄를 범하지 않도록 해 주십시오. 다시는 어떠한 불의와 폭력, 달콤한 유혹에도 굴복하지 않고 일사각오의 믿음으로 승리하는 자랑스러운 민족교회가 되게 해 주십시오. 오, 주여, 이 시간 우리가 한 마음으로 긍휼을 베푸시는 하늘의 하나님께 간구하오니 우리 한국 감리교회의 죄악을 용서해 주시고 이 땅을 고쳐 주십시오. 신사참배 우상숭배 했던 죄악을 용서해 주십시오. 하나님보다 자신을 더 사랑하고 명예와 음란과 탐욕의 우상 앞에 무릎 꿇었던 우리의 죄를 용서해 주십시오. 이제는 우리 한국 감리교회가 용서받은 찬란한 교회가 되어 이 땅 위에 사랑과 자유, 정의와 해방, 희망과 생명을 선포하고 민족을 영도하는 거룩한 교회가 되게 해주십시오. 우리 주예수그리스도의 이름으로 기도합니다. 아멘[23)]

나. 대한예수교장로회 통합(예장통합)

2006년 4월 17일 대한예수교장로회(통합) 평양노회는 일제 강점기에 주기철 목사를 파면하였던 것과 산정현교회의 폐쇄 그리고 주기철 목사 유가족을 사택에서 몰아내고 박대한 죄 등을 회개하며, 주기철 목사의 복권을 결의하였다.

---

23) 심자득, 감리회 77년만에 연회차원서 신사참배 회개 결의, 당당뉴스, 2013.4.5.

다. 대한예수교장로회 합동(예장합동)

2018년 9월 11일 대한예수교장로회(합동)는 2018년 9월11일 제103회 총회 둘째날 오전 회무 전 과거 장로교의 "신사참배 결의 배경과 과정을 시작으로 동방요배와 기미가요가 예배와 찬송가를 대신해 울려 퍼졌던 제28회 총회 모습, 그리고 창씨개명과 '조선장로호' 이름을 새긴 전투기를 일제에 헌납키로 결의한 제31회 총회의 모습"을 담은 약 2분 분량의 동영상을 총대 전원이 시청케 하고 총회장의 인도에 따라 통성으로 신사참배의 죄를 회개 기도하였다.[24]

2015년 9월 14일 대한예수교장로회(합동)은 제100회 총회에서 주기철 목사 복직 및 평양신학교 복적을 결의하였다.

---

24) [제103회 총회결산-현장 스케치] 오욕의 역사 통렬히 회개하며 새로운 역사를 준비하다. 기독신문. 2018.9.18.

라. 한국기독교장로회(기장)

2008년 3월 2일 한국기독교장로회는 3월 2일 주일을 신사참배 회개주일로 지키고 전국 각 교회에 '신사참배와 부일협력에 대한 회개 기도문'을 보내 교회별로 예배를 통해 신사참배의 죄책을 고백토록 하였다.[25]

2007년 9월 13일 한국기독교장로회 제92회 총회는 경주교육문화회관에서, 경남노회가 헌의한 '제27회 총회 신사참배 결의에 대한 공식회개와 사과표명 헌의의 건'을 허락하고, 각 노회와 지교회 별로 죄책고백과 회개 관련 행사를 시행할 수 있도록 제92회 총회 회기 중(2008년 3월 첫째주) 3.1절 기념주일을 신사참배 회개주일로 제정하는 것을 허락하고, 다음과 같이 '신사참배와 부일협력에 대한 죄책 고백 선언문'을 채택하여, 닫는 예배 시간에 낭독하였다.

신사참배 외 부일협력에 대한 죄책고백 선언문

한국기독교장로회는 1907년 평양에서 일어났던 영적 대각성 부흥운동과 이준 열사를 비롯한 여러 기독교인들에 의해 주도된 헤이그 특사 사건 100주년인 2007년을 맞아, 일제 강점기에 하나님과 민족 앞에 우리가 범한 죄에 대해 통절한 심정으로 회개합니다. 우리는 너무 오랜 세월동안 우리의 잘못을 시인하고 참회하기 보다는 책임을 회피해 온 것을 고백합니다. 교회의 참된 각성과 부흥은 지난날의 죄에 대한 참회에서 비롯된다는 것을 믿습니다.

---

25) 정재용. 기장 3.1절 기념예배 신사참배 회개주일로 드려져. 기독교연합신문. 2008.3.13.

따라서 오늘 우리의 죄책 고백문을 통해 우리 자신을 포함한 이 땅의 모든 교회와 그리스도인들이 새로운 영적각성과 부흥의 은총을 입게 되기를 소망합니다.

신사참배의 죄를 회개합니다.

우리는 일제 강점기에 일본제국주의자들의 강압에 못 이겨 교회가 마땅히 지켜야 할 신앙의 정절과 양심을 지키지 못하고 신사참배에 가담하였습니다. 우리는 신사참배가 종교행위가 아니라는 일제의 거짓논리를 수용하여 성도들을 기만하고 신앙양심에 눈을 감았습니다. 하나님께 드리는 거룩한 예배의식에 묵도, 동방요배(東方遙拜), 황국신민서사 낭독 등 이른바 일본식 국민의례를 순서에 넣어 거룩하신 성삼위 하나님의 이름을 욕되게 하고 우상을 섬겼습니다. 그리고 목사들의 연수회에서 일제의 시조신(始祖神) 천조대신(天祖大神)의 이름으로 신도세례(神道洗禮)를 받은 죄를 고백합니다. 부당한 일제의 강압에 그리스도의 십자가 신앙으로 맞서지 못하고 일제 신사에 머리 숙였던 부끄러운 죄를 통절한 마음으로 회개합니다.

일제의 침략전쟁에 협력한 죄를 회개합니다.

우리는 교회의 재산을 국방헌금, 애국운동기금연보라는 이름으로 일제의 침략전쟁 수행에 갖다 바친 죄를 자복하며 회개합니다. 국민총력의 허울 아래 일제의 군국주의 이념을 선전하고 일제의 전쟁물자 징발에도 가담했던 죄를 회개합니다. 일제 군국주의 나팔수로 전락하여 젊은이들을 사지(死地)로 내 몰았던 죄악에 대해 민족의 역사 앞에 고개 숙여 사죄합니다. 일제 강점기에 우리 민족이 하나님의 교회에 걸었던 기대와 소망에 부응하지 못하고 도리어 일제에 굴복하고 협력하는 모습을 보임으로써 민족의 가슴에 더욱 깊은 상처를 남긴 우리의 죄악에 대해 다시 한 번 머리 숙여 용서를 빕니다.

신사참배와 부일협력의 죄를 참회하고 청산하지 못한 죄를 회개합니다.

우리는 해방 후 신사참배에 굴복했던 부끄러운 과거를 청산하지 못하고 회피하였습니다. 이로써 신사참배의 죄악을 참회하고 거룩한 교회로 새롭게 거듭날 것을 주장하는 형제들과 분열하였습니다. 신사참배의 죄를 회개하지 않으려는 우리의 아집과 완악함 때문에 주님의 몸 된 교회를 분열시킨 책임이 우리에게도 있음을 통감합니다. 우리는 신사참배 때문에 갈라진 형제자매들에게 회개를 거부했던 우리의 잘못에 대해 용서를 빌며 화해와 협력의 손을 내밉니다. 우리는 교회가 또다시 하나님과 민족의 역사 앞에 부끄러운 과오를 범하지 않도록 우리 자신의 수치스러운 죄악을 기억하며 역사의 교훈으로 길이 간직하고자 합니다.

신앙과 양심의 자유, 민족자주의 정신으로 출발한 한국기독교장로회는 어떠한 불의와 폭력에도 굴복하지 않고, 하나님 말씀을 영원한 진리로 선포하며 한국교회의 개혁과 올바른 성장, 그리고 새 시대를 준비하는 화해, 평화선교에 적극 앞장서고자 합니다. 자비로우신 주님께서 지난 날 우리의 죄악을 너그럽게 용서하여 주시고, 100년 전 이 땅의 교회 위에 내려주셨던 성령을 오늘 다시 이 땅 모든 교회와 성도들의 가슴에 부어주시기를 엎드려 간구합니다.

2007년 9월 13일

한국기독교장로회 총회 총회장 임명규 및 총회원 일동[26]

26) 김민수. 기장. 신사참배 결의 공식회개·사과. 오마이뉴스. 2007.9.15.

마. 기독교대한성결교회(기성)

2007년 3월 1일 기독교대한성결교회는 교단설립 100주년 고백 선언문에서 "교단에 소속된 일부 인사들이 친일적인 언행을 하였으며, 교단적으로 신사참배를 하지 않았다 할지라도 끝까지 신앙의 절개를 지켜내지 못하고 신사참배에 가담한 분들이 있었음을 부끄러워하며 회개합니다."라는 내용으로 신사참배와 관련한 죄가 있었음을 다음과 같이 발표하였다.

기독교대한성결교회 100년을 돌아보는 우리의 고백

김상준, 정빈 두 사람에 의해 사중복음이 우리 겨레에게 전파되기 시작한 지 이제 100년이 되었습니다. 그 동안 하나님께서 우리 성결교단에 베푸신 은혜는 참으로 크고 놀라웠습니다. 교단 창립 100주년을 맞아, 먼저 우리를 위한 하나님의 은혜에 감사를 드리고, 우리의 부족으로 인하여 사명을 온전히 감당하지 못했던 점들을 회개하며, 교단 2세기의 선교 지표를 세우고자 합니다. 우리는 기독교 복음의 현실적인 실현 목표인 성결을 교회의 이름으로 전하게 하신 하나님의 은혜에 깊이 감사를 드립니다. 다른 교단들은 외국 교단의 많은 지원을 받으며 시작되었지만, 우리 교단은 선교단체인 동양선교회의 지원을 받았을 뿐입니다. 우리 교단은 김상준과 정빈 두 사람이 스스로 일본의 동양선교회를 찾아가 복음을 배움으로써 자생적으로 시작되었으며, 어려운 여건 속에서도 뜨거운 열정으로 노방전도를 하여 복음을 전하였습니다. 특별히 선교 초기에는 다른 교단이 미처 관심을 기울이지 못했던 소외 계층인 기생, 술주정뱅이, 극빈자, 병자, 외딴 섬과 산간 오지의 주민들에게까지 복음을 전하였습니다. 그 결과 우리 교단은 지금 예수교대한성결교회와 함께 5천여 교회에 이르는 큰 교단으로 성장하였고, 한국 기독교 안에서 중요한 역할을 감당하는 교단이 되었습니다. 뜻을 완전히 이루지는 못하였지만, 우리 교단은 1932년에 한국 교회에서는 최초로 재정 자립을 선언하였습니다. 1943년에는 신사참배를 거부하고 재림교리를 주장하다가 일제에 의해 강제로 교단해산을 당하기도 하였고, 177명의 성결교인들이 일제와 공산주의자들로 말미암아 순교를 하기도 하였습니다....(중략).... 일제의 신사참배 강요와 공산주의의 배교 위협에 순교의 정신으로 저항하였던 선배들의 신앙 자세를 오늘의 현실 속에서 제대로 구현하지 못하고 있습니다. 우리 민족이 일제의 지배를 받으며 고통을 당할 때에, 민족과 함께 하며 민족을 위해 십자가를 져야 했지만, 그러한 일들을 충분히 감당하지 못하였습니다. 교단에 소속된 일부 인사들이 친일적인 언행을 하였으며, 교단적으로 신사참배를 하지 않았다 할지라도 끝까지 신앙의 절개를 지켜내지 못하고 신사 참배에 가담한 분들이 있었음을 부끄러워하며 회개합니다. 그리고 민주화 과정에서 사회의 부정과 불의에 대항하여 성결의 복음을 강하게 외치지 못하였으며, 사회 정의를 위하여 고통을 당하던 이들과 함께 하지 못하였습니다. 80년대에는 신군부가 등장하여 하나님의 정의가 무너져 내릴 때에도 성결의 복음으로 이를 바로잡는 일에 앞장서지 못하였습니다....(중략)...우리는 성결 신앙의 독특성을 유지하면서, 우리와 신학적 경향이 다른 하나님나라 운동을 이해하고 협력하며, 사중복음의 확산을 위해 더욱 적극적으로 성결운동을 전개해 나가겠습니다. 또한 성결 신앙을 바탕으로 창조 세계의 보전(保全)을 위해서도 더욱 노력하겠습니다.

하나님의 은총을 기대하며

주후 2007년 3월 1일 기독교대한성결교회 총회장 이정익 목사[27]

---

27) 조준영. 기성총회. 3·1절 맞아 죄책고백문 발표. 한국ngo신문. 2007.3.8.

바. 기독교대한복음교회(복음교회)

2006년 1월 20일 기독교대한복음교회는 초대 감독 최태용의 친일행각을 고백하고 반성하며 용서를 구했다.

- 교단 창립 70주년을 맞이하여 하나님과 민족과 역사 앞에 엎드려 회개합니다 -

지금 우리는 묵은 시대를 엎고 새로운 시대로 갈이 하는 역사의 전환점에 서 있습니다. 지나간 시대의 진실을 털어놓고, 정의에 기반을 둔 용서와 화해를 이룬다면 창창한 미래가 우리에게 있을 것을 믿습니다. 일제 강점에 의한 친일 부역과 해방 전후의 극심한 혼돈, 반세기도 넘는 분단과 이념의 갈등 속에서 빚어진 비극의 일단들을 우리는 기억합니다. 그러나 진실은 마냥 덮어두고 잊히기만을 기다릴 성질의 것이 아닙니다. 특히 일제 강점기에 한국교회 안에서 이루어진 친일 부역은 단순히 식민지 백성의 비굴한 조아림을 넘어 일왕과 신사를 숭배하고, 대동아공영의 가치를 두둔하며 침략전쟁 수행에 적극적으로 동참하였습니다. 이것은 심대한 배교행위가 아닐 수 없습니다. 우리에게도 부끄러운 과거가 있습니다. 1935년 암울한 식민지하에서 "조선인 자신의 교회"를 높이 외치며 기독교대한복음교회가 창립되었습니다. 교단적 신사참배를 거부하고 모진 시절을 꿋꿋이 견디면서 민족교회로서의 사명을 담당하였습니다. 그러나 일본의 강압적인 마수는 1942년에 이르러 초대감독 최태용 목사에게 무거운 죄책의 짐을 지게하고 말았습니다.

1) 최태용 목사는 福元唯信이라는 이름으로 창씨를 개명하였습니다. 2) 친일잡지 <동양지광(東洋之光)>1942년 10월호에 일문으로 <조선기독교회의 재출발>이라는 친일논설을 기고하였습니다. 3) 젊은 교인들을 강제징용이라는

총알받이에서 구제하기 위해 국민학교 교재용으로 쓰인 모형항공기 제작 공장을 차리게 했고, 총독부는 이를 군수품으로 인정하였습니다. 우리는 더 이상 어떤 내용도 숨길 것이 없습니다. 있다면, 더 하나님을 사랑하지 못하고, 더 민족을 사랑하지 못한 죄를 날마다 회개할 따름입니다. 개인의 경건과 내적 만족에 치중하지 않고 하나님의 위엄하신 역사 안에 거하고 발전적인 미래를 선도하는 교회의 사명이 우리에게 있음을 다시금 각오합니다. 오늘 죄책고백을 드리는 우리의 뜨거운 눈물을 사랑의 하나님께서는 긍휼하심으로 받아주시리라 믿습니다. 앞으로 우리는 하나님과 민족과 역사 앞에 부끄러움이 없는 교단으로 회복하여, 낮은 곳에서 낮은 자들과 더불어 맑은 생명신앙을 길어 올리는 두레박이 되겠습니다. 뜨거운 눈물이 있는 진실한 죄책고백 뒤에는 진정어린 용서와 화해, 희망 있는 전진을 기대합니다.

2006년 1월 20일

기독교대한복음교회 총회 친일과거사 죄책고백 특별위원회[28]

---

28) 주재일. 복음교회. 개신교 최초로 친일행적 회개. 뉴스앤조이. 2006.1.24.

(2) 교회단체들의 회개선언들

가. 한국교회일천만기도운동본부 : 2018년 10월 28일 '한국교회일천만기도운동본부'가 주관하고 한국교회총연합회, 한국기독교연합, 한국기독교총연합회, 한국장로교총연합회 등 19개 기독교단체가 공동 주최한 '신사참배 80년 회개 및 3·1운동 100주년을 위한 한국교회 일천만 기도대성회'가 서울 광화문에서 주최 추산 1만여명이 모인 가운데 열렸다. 연사들은 신사참배가 심각한 우상숭배의 죄라는 것을 알렸고, 전 교회적인 회개가 있어야 한다는 것을 강조했다.[29]

나. 장로교연합 : 2008년 9월 24일 '제주선교 100주년 기념 장로교 연합감사예배'에서 대한예수교장로회 통합, 합동, 합신, 기장 등 4개 장로교 교단의 각 교단 총대 3,950명과 제주지역 목회자 및 교인등 5,000여명이 신사참배의 죄를 회개했다. 이날 참석자들은 사회를 본 김삼환 목사의 제안에 따라 일제 강점기 신사참배의 죄악 등을 회개하며 기도하였다.[30]

---

29) 이병왕 심자득. "한국교회, '신사참배 회개' 넘어 '3.1 정신'으로 하나 되자". 당당뉴스. 2018.11.1.
30) 이현주. 섬김의 100년' 약속한 장로교 4개 교단 연합예배, 기독교연합신문. 2008.9.25.

다. 15개 기독교단체 : 2008년 9월 9일 기독교통일포럼, 기독교통일학회, 기독교북한선교회, 부흥한국, 북한선교연구원, 서울신대북한선교연구소, 성서한국, 신앙세계, 춘천성시화운동본부, 토머스기념사업포럼, 평화나눔재단, 평화한국, 한기총통일선교대학, 한민족가족치유연구소, 한민족복지재단 등 15개 기독교단체는 그동안 여러 차례의 회합을 통해 작성한 '신사참배 참회 고백과 평화통일을 위한 그리스도인의 선언'을 채택하여 낭독하고 이어 기도회를 가졌다. 그들은 일제하 있었던 한국 교회의 신사참배가 우상숭배의 죄악임을 고백하였으며, 신사참배에 대한 한국교회의 총체적인 회개가 없었던 것도 참회하였다.[31]

라. 한국개신교원로장로회 : 1998년 9월 9일 한국개신교원로장로회 모임에서 원로목사와 장로 450여명이 신사참배의 죄를 회개하며 금식기도하였다.

───────────────

31) 이병왕. 장로교총회의 70년 전 신사참배 가결을 참회합니다. 데일리굿뉴스. 2008. 9.10.

(3) 한경직 목사의 신사참배 죄 고백

1992년 6월 18일 영락교회 원로 한경직 목사가 신사참배한 죄를 고백하였다. 한경직 목사는 63빌딩 코스모스홀에서 열린 템플턴상 수상 축하예배에서 수상소감을 발표하며 "우선 저는 하나님 앞에서 또 여러분 앞에서 죄인이라는 것을 고백합니다. 저는 죄를 많이 졌습니다. 저는 신사참배도 한 사람입니다. 죄를 많이 지은 사람입니다." 라고 고백하였다.

4. 온전치 않은 회개, 불충분한 죄책 고백

1992년 6월 템플턴상 수상 축하연에서 있었던 한경직 목사의 신사참배 죄 고백이래, 2018년 10월 31일 기독교대한감리회 총회의 신사참배 죄 회개선언과 죄책 고백문 발표에 이르기까지 한국 교회의 여러 교단과 기독교연합단체들의 신사참배 죄에 대한 회개선언이 있었고 관련 집회와 기도회도 열렸다. 이 같은 현상들은 1938년 한국교회의 신사참배 결의로부터 1945년 8.15해방에 이르는 약 7년의 기간 동안 한국 교회가 일제의 강요에 굴복하여 행했었던 신사참배가 명백히 십계명 제1.2계명을 어긴 죄악이었다는 것을 한국교회가 인정하였다는 것과 그러나 그 죄악에 대한 회개가 지금까지 그렇게 긴 세월이 흘러 세대가 여럿 바뀌는 동안에도 제대로 이루어지지 않았다는 사실을 반증하는 것이라 할 수 있다.

한경직 목사의 경우도 1992년에 이르러서야 즉 신사참배 이후 약 50년의 세월이 지나고 나서야 그동안 숨겨왔던 본인의 신사참배 사실을 고백하며 그것을 죄라 인정하였던 것이다. 그 동안은 그 사실을 숨기며 또는 애써 합리화하고 변명하며 지내왔던 것이다. 한경직 목사는 광복 직후 조선신학교의 경건회에서 "닭 울기 전의 일에 대해서는 개의치 말라"라는 내용의 설교를 했었다고 전해진다. 안도명 목사는 "산정현교회와 수진성도들"이라는 자신의 회고록에서 그 사실을 증언하고 있다. 최덕성 박사도 거의 동일한 내용을 본인의 책 "한국교회 친일파 전통"을 통하여 알리고 있다. 이하 최덕성 박사의 글을 인용한다. "한경직 목사는 요한복음 21장을 읽고 네가 나를 사랑하느냐고 주님이 베드로에게 세 번 물으신 본문을 가지고 설교했다. 그날 설교는 신사참배에 관한 것으로 현재가 중요하지 닭 울기 전에 있었던 일은 중요하지 않다는 요지였다. 과거에 저지른 신사참배가 죄이니 아니니, 죄를 범했느니 그렇지 않았느니, 참회를 해야 한다느니 또는 할 필요가 없다느니 하는 말을 할 때가 아니다. 오늘 예수님을 사랑하느냐 하지 않느냐가 중요하다. 닭 울기 전에 했던 일에는 신경을 쓰지 말라. 과거가 중요한 것이 아니라 현재가 중요하다고 그는 말했다. 또 해방이 되었으니 우상숭배에 대한 참회 따위의 비생산적인 논의는 접어두고 미래를 향해 힘차게 나가자고 했다."[32]

한경직 목사는 이 설교를 통하여 과거에 저지른 신사참배라는 과오는 중요치 않고, 현재 예수님을 사랑하고 있으면 되는 것이고 오히려 앞으로 어떻게 하느냐가 중요하다는 식의 그럴듯한 자기 합리화의 논리를 동일한 죄책에 시달리고 있던 조선신학교의 신학생들에게도 심어주었던 것이다. 당시 신학생으로서 이 설교를 직접 들었던 안도명 목사는 이 설교를 들은 신학생들이 탄복하며 무릎을 쳤다고 한다. 각자 짊어지고 있던 그 무거운 죄의 무게를 일거에 떨궈내 버리는 정말 그럴듯한 논리였기 때문이다. 그 당시 한국교회에 신사참배에 참여하지 않았던 목사들이나 성도들이라고는 거의 존재하지 않았으므로 그 죄악의 기억에 양심이 찔리면서도 대부분은 그렇게 그것을 마음속에 묻어두고 서로간에도 그 사실을 언급하기조차 꺼려했을 것이다. 또 때로는 한경직 목사의 설교와 같은 논리로 스스로를 합리화하며 지내왔을 것이다. 지금 예수님을 사랑하고 있으면 된다라고 하면서 말이다.

장로교의 신사참배 결의 당시 총회장이었던 홍택기 목사 같은 부류도 있었다. 홍택기 목사는 해방 후 1945년 11월 14일 평북노회 교역자 퇴수회에서 이기선 목사를 비롯하여 신사참배를 거부하다 평양형무소에 투옥되었다가 해방을 맞아 출옥한 성도들로부터 신사참배의 과오에 대한 공적인 회개와 자숙 그리고 장로교회 쇄신안을 요구받

32) 최덕성. 한국교회 친일파 전통. 서울: 지식산업사. 2006. 44-45.

앉다. 이에 홍택기 목사는 "옥중에서 고생한 사람이나 교회를 지키기 위하여 고생한 사람이나 힘든 것은 마찬가지였고, 교회를 버리고 해외로 도피했거나 혹은 은퇴한 사람의 수고보다는 교회를 등에 지고 일제 강제에 할 수 없이 굴한 사람의 수고가 더 높이 평가되어야 한다. 신사참배에 대한 회개와 책벌은 하나님과의 직접 관계에서 해결할 성질의 것이지 누구의 강요에 의해 결정될 사항은 아니다"라는 말로 회개와 자숙의 요구를 묵살하고 교회 쇄신안마저 무력화시켰다.

홍택기 목사의 주장은 신사참배 죄에 대한 회개나 책벌은 하나님과 당사자 개인간의 문제라는 논리였다. 개인적인 죄에 대해 공적인 회개선언이나 공적인 책벌은 불가하다는 것이었다. 과거 성적인 죄악이 밝혀져 담임하고 있던 교회를 사임하고 새교회를 개척하여 큰 물의를 빚은 바 있었던 예장 합동 평양노회 소속의 J목사도 홍택기 목사와 유사한 논리로 본인에 대한 공적인 회개 요구를 묵살했었다. "내 죄에 대한 회개는 내가 개인적으로 하나님께 하면 되는 것이지 그것을 공적으로 해야 할 필요는 없다"라는 주장이었다. 이렇게 신사참배의 죄악도 죄를 범한 개개인이 하나님께 회개를 했으면 종결된 것이라는 주장이다.

김길창 목사 같은 부류도 있다. 김길창은 1938년 신사참배 결의 당시 장로교 부총회장으로서 총회결의 직후 총대들을 인솔하여 평양신사에 참배케 한 인물이었다. 그는 일제 당국과 긴밀한 커넥션을 유지하며 한국 교회의 사정과 교역자들의 성향에 관한 정보를 일제 당국에 알려주던 자였다. 또 그는 경남노회 소속 교역자들로 부산 송도 앞바다에서 일본 신도의 침례의식인 미소기하라이를 받게 하는데 주동을 한 자이기도 하였다. 그는 각종 친일행위에 앞장서서 해방후에는 반민특위에 체포되어 조사를 받기도 하였다. 그런 그가 해방 후 열린 어느 노회에서

한 양심있는 목사의 미소기하라이 죄 고백을 듣고는, 자신이 주도한 일이고 그 자리에 같이 미소기하라이를 했던 목사들이 다수 있었음에도 불구하고 "미소기하라이가 무엇입니까? 나는 들어보지도 못한 일입니다"라고 뻔뻔스레 자신이 한 일마저 부인하였다. 그는 후일 자신의 자서전에 일제의 탄압과 그로 인한 고생들은 수록하였으나, 자신이 행했던 우상숭배와 친일부역행위들은 일절 언급하지 않았다. 이와 같이 자신의 죄를 없었던 것처럼 부인하는 부류들도 있었다.

1947년 북한에서 소련군에 체포되어 순교한 김인준 목사의 경우는 신사참배를 했으나 그것을 참회하고 있었던 케이스다. 해방 후 산정현교회에 가서 설교할 때에 산정현교회 성도들이 김인준 목사를 신사참배에 굴복한 자라하여 성결치 못함을 들어 강단에 올라가지 못하게 하였을 때에, 김인준 목사는 그것을 받아들여 마루에서 설교하였고 그렇게 요구하였던 산정현교회의 수진성도들(신사참배 거부자)들 오히려 존경하였다고 한다. 그는 공산당에 잡혀 죽을 것을 알면서도 다시 북한으로 돌아가 강양욱이 주도했던 '기독교도연맹'에의 가입을 거부하는 등 끝까지 김일성에 대한 협력을 거부하고 믿음을 지키다가, 그를 북한공산정권 수립에 큰 걸림돌로 여긴 소련군 특무부대에 의해 비밀리에 체포되어 시베리아로 끌려가서 순교하였다. 이와 같이 양심의 가책을 가지고 참회의 마음으로 살다가 뒤늦게 주를 위해 죽을 기회를 얻어 순교를 택한 회개자들도 있었다. 장로교 36회 총회장을 지낸 바 있는 권연호 목사는 1954년 4월 24일 대한예수교장로회 제39회 총회 둘째날 저녁에 신사참배의 죄를 회개하며 다음과 같이 기도하였다. "우리의 죄로 인해 이 땅에 전란이 왔고, 이 민족 내 백성들이 수 없는 피와 살을 쏟고 찢었나이다. 교회가 갈라지고 38선이 가로막히게 된 것이 이 죄과인줄 확신하옵고 하나님 앞에 책망 받는 것이 마땅한 줄 아나이다. 주여 총회가 모일 때마다 물고 찢고 싸움하고 교직자끼리 서로 반목한 것이 이 죄로 인하여 생긴 것입니다. 금번 총회에 은혜를 주시고 이 석상에 임재하셔서 불충불의한 저희들의 마음을 한번 감화 감동시켜 주시옵소서. 회개에 합당한 열매를 맺게 하셔서, 오는 성례에 깨끗한 마음으로 참례할 수 있게 해 주시옵소서." 그러나 권연호 목사의 이 간절한 기도에 호응하여 참회한 총대들의 숫자는 얼마 되지 않았다. 참회해야 할 사람들은 한 명도 기도회에 참석지 않았고, 소수만이 새벽기도회 1시간 동안 회개 기도하였다고 전해진다. 그 당시 신사참배 회개가 얼마나 한국교회 내에서 외면받는 일이었는지 알려주는 실례인 것이다.

해방 이후 신사참배에 대한 제대로 된 회개는 없었다. 전교회적 결의로 신사참배를 했으니, 신사참배는 전교회적 죄악이 된다. 그렇다면 전교회적 결의로 신사참배의 죄를 인정하고 소상히 고백했어야 하며 이에 대한 공식적인 권징과 책벌이 있었어야 했는데, 보통은 총회에서 신사참배결의를 취소하는 선에서 마무리지었던 것이다. 회개가 아니라 취소였다. 죄를 지었는데 취소하면 죄가 없어지는 것인가? 이것은 어린아이의 논리에도 미치지 못하는 것이었다. 죄를 지었으면 인정하고 자백하고 하나님께 용서를 구해야 하는 것이다. 책벌을 받아들였어야 했던 것이다. 그러나 한국교회는 그렇게 하지 않았다. 전교회적 결의로 신사참배의 죄를 인정하고 자백하며 하나님께 용서를 구하는 것을 한 적이 없다. 신사참배는 감추고, 묻어두고, 외면하고, 부인해야만 하는 것으로 한국 교회의 지도자들에게 공감대가 형성되었던 것으로 보인다. 수치스러운 일이었고 게다가 모두가 공범이니 서로 묻어두고 가는 것이 좋았을 것이다. 한경직 목사와 같은 자기 합리화와 묻어두고 숨겨두기, 홍택기 목사와 같은 개인적 회개로 회개 종결파, 김길창 목사와 같은 모르쇠 부인파, 그리고 1954년 제39회 장로교 총회에서의 회개기도회 장면처럼 회개의 자리를 피하는 대다수의 목사들이 한국교회 지도자들의 평균적인 모습들이었고, 이러한 것들이 한국교회가 신사참배의 죄에 대한 회개를 하지 않게 된 이유였을 것이다.

1992년 한경직 목사의 신사참배 자백과 죄 인정을 칭송하는 분들이 교계에 많이 보인다. 늦게라도 죄를 자백하고 죄인임을 인정하는 것은 잘 한 일이었다. 그러나 그것이 회개라고 할 수 있을까? 아니다 회개의 시작이었을 뿐이다. 그에 뒤 따르는 죄책의 고백이 있었어야 했다. 7년 동안 행했던 신사참배와 부일협력의 무수한 죄악이 한마디 말로 회개가 되겠는가? 아니다 구체적인 죄책의 자백이 있었어야 했다. 그 자리에서는 못했다 하더라도 서면을 통해서라도 가능했을 것이다. 그리고 개인적인 회개에 그치지 아니하고 본인의 한국교회에 대한 영향력을 활용하여 전교회적 죄책 고백과 회개운동에 나섰더라면 좋았을 것이다. 그러나 한경직 목사는 그렇게 하지 않았다. 그것으로 끝이었다.

2000년대 들어 최근에 이르기까지 각 교단과 교회단체들의 신사참배 회개선언들이 일어났다. 앞서 나열했던 각 교단과 교회단체들의 신사참배 죄 고백 선언들은 회개라고 할 수 있을까? 교단들의 선언서 가운데 구체적 죄의 나열이 있었던 것은 몇 되지 않는다. 그러나 그것도 소상하게 죄를 밝힌 것은 아니었다. 이러한 선언 이후에 위원회라도 구성하여 각각 자기 교파의 과거의 죄를 소상하게 조사하는 행위가 있었어야 했다. 그러나 지금까지 그런 움직임은 없다. 성결교의 경우는 교단의 지도자들 몇몇의 잘못일 뿐 교단적으로는 신사참배를 하지 않았다고 함으로써 죄를 부인하는 성격의 선언문이 되었다. 회개의 거부, 자기합리화, 회개를 하더라도 온전치 못한 회개와 불충분한 죄책고백이 현재까지 한국교회의 신사참배에 대한 태도였다.

II. 한국교회에 주신 하나님의 은혜

1. 복음전파를 위한 선교사들의 헌신

1866년 9월 2일 27세의 토마스 선교사는 평양 대동강변에서 조선 군인에게 잡혀 죽임을 당했다. 그의 손에는 성경책이 들려 있었고, 그의 입술에는 야소(耶蘇)라는 외침이 있었다고 한다. 이 젊은 선교사는 영국 웨일스 출신이었다. 그는 미국 상선 제너럴셔먼호의 통역 겸 안내자로 그해 7월 동승하여 대동강을 거슬러 평양으로 향하던 중이었다. 배가 머무르는 곳에 평양의 문정관이 와서 물러가라고 요구했다. 그러나 제너럴셔먼호는 이를 무시하고 상류를 향하여 항진하였다. 평양감사 박규수는 재차 물러나라고 요구하였으나, 제너럴셔먼호는 이에 함포를 발사하며 무력으로 맞섰다. 박규수는 작은 배를 이용한 화공으로 제너럴셔먼호를 공격하여 불길에 휩싸이게 했다. 선원들은 강으로 뛰어들었고 강변에서 조선군인들에 의해 살해되었다. 토마스 선교사도 갖고 있던 한문 성경 몇 권을 가슴에 품고 강으로 뛰어들어 강변까지 헤엄쳐 나왔다. 이때 그는 박춘권이라는 조선군인에게 잡히게 되었고, 토마스 선교사는 그에게 성경을 건네주고 대동강변에서 참수되었다. 그는 참수 직전 구경하던 조선사람들에게 성경을 던져 주었다.[33]

교회사가 김양선에 의하면 토마스 선교사가 순교하기 전 조선인들에게 전해주었던 한문성경은 장사포에서는 홍신길, 속호정에서는 김영섭과 김종권, 만경대에서는 최치량이 받았는데, 후일 그들은 강서와 평양교회 설립자가 되었고, 토마스를 죽이려했던 박춘권은 안주교회 영수가 되었다고 한다. 또 성경을 받아 벽지로 사용했던 영문주사 박영식의 집은 평양 최초의 교회인 평양 장대현교회의 터가 되었다고 말한다. 한 가지 흥미로운 사실은 토마스

---

33) 강석진. (近現代史로 읽는) 북한교회사. 서울: 쿰란출판사, 2022. 84-85.

목사에게 성경을 받아 간 한 사람의 조카가 이영태인데, 그가 후일 기독교신자가 되었고, 레이놀즈(W. D. Reynolds)와 함께 성경번역사업에 동참했다고 한다.[34] 토마스 선교사는 한국 개신교회의 초석이 되었다. 그의 순교의 피가 뿌려진 대동강물은 그 물을 마신 많은 평양 주민에게 영생의 물이 되었고, 평양은 한국 교회의 중심이 되었을 뿐만 아니라 '동방의 예루살렘'이라는 별명까지 얻게 되었다.

스코틀랜드연합장로교회(United Presbyterian Church)는 1862년부터 중국선교를 시작했는데, 매킨타이어는 1871년에, 존 로스는 1872년에 중국에 파송되었다. 이들은 조선에 입국할 수는 없었으나 조선에 대한 영적 부담을 느끼고 조선어 성경번역을 의도하게 된다. 이들은 한국인 이응찬을 만나게 되었고, 그의 도움으로 김진기, 이성하, 백홍준 등 의주청년들과 접촉하게 된다. 이들 조선청년들은 신앙을 갖게 되었고, 1879년 매킨타이어 목사에게 세례를 받았다. 로스는 1877년부터 이응찬으로부터 도움을 받으며 한글성경 번역을 시작하였다. 1879년 로스의 안식년 기간 중에는 매킨타이어가 이 일을 계속했다. 이러한 노력의 결과로 최초로 한국어 성경이 출판되었는데, 그것이 1882년 3월 24일 출판된 예수성교 누가복음전서와 5월 12일 출판된 예수성교 요안닉복음전서였다. 두 복음서는 3천권씩 인쇄되었다. 누가복음과 요한복음에 이어 1883년에는 마태, 마가복음이, 1884년에는 사도행전이 출판되었는데 이때는 5천권씩 인쇄되었다. 1885년에는 로마인서와 고린도전후서, 갈라디아서, 에베소서 등이 역간되었고, 1887년에는 신약성경이 완역되었다. 이 성경이 순 한글로 번역된 예수성교전셔인데, 보통 로스역 성경 (Ross Version)이라고 불리고 있다. 이것이 한글어로 된 최초의 신약전서였다.[35]

---

34) 이상규. 한글성경은 어떻게 번역되어 우리 손에 들려지게 되었을까. 고신신학-.13. 2011. 237.
35) 이상규. 한글성경은 어떻게 번역되어 우리 손에 들려지게 되었을까. 고신신학 -.13 (2011): 238-239.

이 로스역 신약성경은 발행부수가 5천부였고 총 330쪽이었다. 성경번역을 시작한지 10년, 성경출판을 시작한지 5년만이었다. 이미 한국은 복음의 문이 열려 수 만권의 성경이 반포되어 로스가 믿고 바랐던 '풍성한 수확'이 선교사들에 의해 얻어지고 있었다. 이 성경은 국내에서 신약전서가 발행되는 1900년까지 한국교회 특히 북한지방에서 애용되었고, 수 많은 영혼에게 복음의 빛을 전하는 도구가 되었다. 1882년 한글성경이 간행되기 전까지는 한문서적이 반포되었다. 1880년 의주에 있던 2명의 개종자와 십여 명의 구도자의 요청에 의해 매킨타이어는 한 상인 편으로 성경과 소책자 한 상자를 보냈는데, 이 짐이 압수되고 편지가 발각되면서 의주의 백홍준은 3개월간 투옥된다. 천주교 신자가 아닌 까닭에 풀려나오기는 하였으나 거의 모든 재산을 잃게 된 그는 그럼에도 불구하고 매킨타이어 선교사를 다시 찾아가 "자신을 위해 돌아가신 주님을 위해 핍박받는 것을 즐거워한다"고 고백하였다. 이런 신앙의 열기가 1881년 1백여명의 한국인들이 매킨타이어를 찾아가 성경공부반에 참석하여 일주일간 머물다가 돌아오는 것으로 발전되었다.

1884년에는 성경인쇄 식자공 출신 김청송에게서 받은 성경을 읽고 기독교를 알게 된 여러 명의 한국인들이 진리를 좀 더 알고자 만주 봉천의 로스 선교사를 찾아갔다. 이들은 임오군란 이후 평안도로 좌천된 보수파 군인들로 정세 변동에 따른 생명의 위협 때문에 압록강 부근 만주의 한인촌으로 망명한 자들이었다. 이러한 한국인들의 요청에 로스는 한인촌 4개 마을 75명의 남자에게 세례를 주었다. 여기에는 보수파 군인 6명도 포함되어 있었다. 로스는 이렇게 적고 있다. "이들 계곡에서 본 일은 우리를 겸손하게 만들었다. 한 계곡에서 다른 계곡으로 가면서 매일 우리는 어제는 이교의 암흑속에 살았으나 오늘은 예수 안에서 죄 사함을 받고 하나님과 세상이 화목하게 되었다는 사실로 인해 기뻐하는 자들을 만났기 때문이다. 우리는 다만 '가만히 서서 하나님의 구원을 바라볼' 수 밖에 없었다. 모두 4계곡에서 75명의 영혼이 세례를 받고 교회 안으로 들어왔다. 수 년 후에 이 기초가 자라서 계곡들의 기독교회가 되고, 그들의 고국에 복음을 전해주며, 한국의 전 북부지방에 퍼지는 기독교 진리의 누룩이 될 것을 희망한다. 우리는 그들을 하나님과 그의 은혜의 말씀에 맡기고 돌아왔다." 로스는 이듬해 여름 이곳을 방문하여 25명에게 추가로 세례를 베풀었다. 만주 집안현 이양자를 비롯하여 압록강 연안 계곡에 있던 28개의 한인촌에는 이리하여 매일 가정예배를 드리고 하나님의 말씀을 읽는 수 천 가정들이 존재하게 되었다. 1885년에는 이들을 오해한 중국인들에 의한 박해가 발생하여 개종자들의 대부분이 고국으로 돌아갔다. 그들은 복음을 들고 갔고 훗날 미국 선교사들이 한국 북부지방에 들어왔을 때 곳곳에서 압록강 옛 거주지에서 진리를 소유했던 신앙공동체들을 발견하였다.[36]

1885년 4월 5일 부활절 아침에 목사 신분의 선교사 북장로교의 언더우드와 감리교의 아펜젤러가 입국한다. 아펜젤러는 복음전파와 한글성경번역에 온 전력을 쏟다가 1902년 성경번역 관련 회의차 승선한 배의 침몰로 목숨을 잃었다. 언더우드도 한글성경번역 작업에 과도한 체력을 소모하여 마침내 건강을 잃고 1916년 사망한다. 1885년 6월에 조선에 온 헤론선교사는 1890년 전염성 이질로 사망하였다. 호주 장로교회 소속의 데이비스 목사도 1889년 10월 조선에 입국한지 6개월만에 천연두에 걸려 생명을 잃었다.

온 가족을 한국 선교 기간중에 잃은 분도 있다. 빈튼(C. C. Vinton, M.D) 선교사가 그이다. 의료 선교사로 내한했던 빈튼은 제중원에서 진료하였고, 지방을 순회하며 진료를 하고 복음을 전했다. 그는 1891년 내한하여 1908년

---

36) 한국기독교사연구회. 한국 기독교의 역사. 서울: 기독교문사, 1989. 152-156.

정년을 맞이하여 귀국할 때까지 의료 사역을 하면서 인간으로서는 견디기 힘든 고통을 당했다. 그것은 아들 Walter(1살)와 Cadwilard(4살), 그리고 딸 Mary(6개월) 세 자녀를 조선 땅 양화진에 묻은 일이다. 1903년에는 부인 Lefitia마저 생명을 잃어 자녀들이 묻혀 있는 양화진에 같이 묻혔다. 그러나 빈튼 선교사는 정년을 맞을 때까지 조선을 떠나지 않았다.[37]

조선의 작은 예수, 조선인들의 어머니, 조선의 아낌없이 주는 나무. 한국어 이름인 서서평(徐舒平)으로 더 잘 알려진 미국 남장로교 내한 선교사 엘리자베스 쉐핑(Elisabeth Johanna Shepping, 1880-1934). 조선인들에 대한 헌신을 자신의 소명으로 여겨 자원하였고, 미국 남장로회 선교간호사로 파송받아 1912년 내한하여 1934년 소천하기까지 22년 동안 조선 땅에서 사역하였다. 서서평은 옥양목 저고리에 검정색 통치마를 입고, 남성용 검정고무신을 신고 다녔으며, 된장국에 꽁보리밥을 주로 즐기며 조선인처럼 살며 조선인들과 함께하는 데 주력하며 사역하였다. 미국 남장로회 소속 미국인 선교사들의 한 달 생활비가 당시 평균 3원 정도였는데, 서서평은 자신을 위해 10전을 사용하고 나머지는 빈민, 환자, 여성을 위해 사용하였다. 평생 독신으로 살았지만 조선의 여성 중 수양딸이 13명, 나환자의 아들 1명, 한국 어린이 14명을 입양하였고, 과부 38명의 자립과 새 삶을 살도록 도우며 살았기에 조선인들의 어머니로 알려질 수밖에 없었다. 22년 간의 선교사역 가운데 만성풍토병과 과로, 영양실조로 생을 마친 서서평이 남긴 유산은 담요 반장, 동전 7전, 강냉이가루 2홉뿐이었지만 "성공이 아니라 섬김(Not Success But Service)"이라는 그의 방에 붙어있던 좌우명이 이후 알려지며 일평생 조선을 섬긴, 행복으로 조선인들을 위해 산 선교사로 기억되고 있으며, 미국 장로회가 1930년대 선정한 가장 위대한 선교사 7인에 뽑히기도

---

37) 박흥배. 구한말 미국 선교사 열전 39 Charles C. Vinton. 크리스찬타임스. 2024.2.19.

하였다.38)

1900년 겨울에는 중국 의화단 사건이 한국에도 영향을 주어 12월 6일을 기해 내장원경 이용익과 평리원재판장 김영준이 황제의 밀명이라 하여 전국적으로 선교사와 기독교인들을 학살하고 교회당을 파괴하려는 사건이 미수에 그친 일이 있었다. 베어드를 비롯한 선교사들은 일상의 극단적인 불편함과 어려움을 감내하며, 생명의 위협에 대해 겪어내야 했다39)

언더우드 박사가 운영하던 고아원에는 꼬마 존(John)이라는 아이가 있었는데, 그가 바로 김규식40)이었다. 사람들은 그 아이를 '번개비'라고 불렀다. 이 어린아이의 아버지는 고관 벼슬을 한 사람이었으나 정치적 사건에 연루되 유배를 당한 상태였고 그의 어머니는 일찍이 죽은 것으로 알려졌다. 그의 삼촌들은 가정 형편이 어려워 이 아이를 양육할 수가 없어 어린 김규식을 고아원에 데리고 왔다. 겨우 만 네 살 밖에 되지 않은 이 아이는 자꾸 울기만 했다. 어린아이를 돌볼 수 있는 여건이 되지 않아 결국 친척집으로 되돌려 보냈다. 그러나 얼마 못가 아이가 많이 아프고 구박을 받고 있다는 소식을 들은 언더우드가 분유와 약품을 챙겨 찾아갔다. 아이는 벽지를 뜯어먹으며 울고 있었다. 그만큼 굶주려 있어서 먹을 것을 보고는 광적으로 달려와서 먹었다. 선교사나 의사들은 이 아이가 얼마 가지 않아서 죽을 것이며, 죽으면 조선아이를 죽였다는 누명을 쓰고 모든 책임을 떠맡게 될 것이니 데려

---

38) 김혜정. 기독여성 생활사 공동기록(15) 선교, 교육, 봉사에 일생을 바친 서서평 선교사. 새가정. 11. 2020.
39) 오지석. 구한말 미국 선교사 베어드 부부의 선교현장과 한국어 교육연구. 문화와 융합 43.4 (2021): 419.
40) 파리강화회의에서 대한민국임시정부 대표 명의의 탄원서를 제출하였고, 해방후 남한단독정부수립안에 반대하며 통일독립촉성회를 결성한 학자 · 정치인 · 독립운동가(출처 : 한민족문화대백과사전)

오지 말라고 하였다. 그러나 언더우드는 이러한 만류에도 불구하고 이 아이를 고아원으로 데려와 극진한 정성과 보살핌으로 간호하여 회복시켜 놓았다. 그 아이는 영어를 빨리 익혔다."[41]

1866년 미국 상선 제너럴셔먼호를 타고 와서 성경을 건네주고 대동강변에서 평양군민들에 의해 순교한 토마스 선교사, 로스와 매킨타이어 그리고 엘리자베스 쉐핑, 빈튼, 언더우드, 아펜젤러, 알렌, 하디, 헤론, 스크랜턴 등 이외에도 조선의 개항 때부터 1942년 6월 일제에 의한 외국인 선교사 강제 추방 때까지 우리나라에 왔던 선교사는 모두 1,526명에 달했다.[42] 이분들의 헌신과 희생위에, 그리고 1907년 평양대부흥으로 이름 붙여진 2000년 세계 교회 역사상 가장 강력했던 성령 하나님의 임재와 역사하심의 은혜를 통하여 한국교회는 세워졌고, 세계교회를 놀라게 한 온전한 회개와 부흥의 역사가 쓰여졌다.

---

41) L. H. Underwood, 이만열(편역), 언더우드, 한국에 온 첫 선교사, 기독교문사, 1990, 56.
42) 오지석. 구한말 미국 선교사 베어드 부부의 선교현장과 한국어 교육연구. 문화와 융합 43.4 (2021): 413.

2. 네비우스 선교정책

1890년 당시 한국에 주재하던 선교사들은 대부분이 20대 후반에서 30대 초반의 젊은이들이었고, 그들에게는 경험이 풍부한 노련한 선배의 가르침이 필요하였다. 그들은 중국선교사로서 오랜 경험을 갖고 있던 네비우스 목사를 서울로 초청하였다. 1890년 6월 네비우스는 2주간 머물면서 언더우드와 마펫(S. Moffett), 게일(J. Gale), 기포드(D.Gifford) 등 북장로교 선교사들에게 자신의 선교 경험과 방법론을 소개하였는데, 36년 경력의 60대 선교사 네비우스의 경험과 지혜는 이들에게 큰 도움이 되었다.

1893년 북장로교, 남장로교, 호주장로교 등 세 장로교 선교회가 장로교공의회를 조직하고 네비우스가 제시한 선교 이론과 방법론을 '네비우스 선교정책'으로 정리해서 한국 선교에 적용하기로 결의했다. 그리고 뒤에 들어온 캐나다장로교회 선교부에서도 네비우스 선교정책을 수용하기로 했고, 공식 결의는 하지 않았지만 미국 북감리회와 남감리회도 큰 틀에서 네비우스 선교정책을 받아들임으로써 한국 개신교회의 대표적인 선교정책이 되었다.

네비우스 선교정책은 다음과 같이 다섯 가지로 요약할 수 있다. (1) 교회지도자들은 자기 동네에서 직업을 갖고 자립생활을 하면서 동역자와 이웃에게 복음전도 사역을 해야 한다. (2) 선교사는 토착교회에 필요하고 또한 운영해 나갈 수 있는 사역과 기관들은 개발해 주어야 한다. (3) 토착교회가 스스로 목회자를 세우고 생활비를 부담해야 한다. (4) 예배당은 토착교회 교인들의 헌금과 노력으로 마련하되 토착 양식으로 지어야 한다. (5) 매년 토착교회 지도자들에게 집중 과정으로 성경과 교리를 가르쳐야 한다. 네비우스의 선교정책은 선교부나 선교사의 간섭과 통제는 최소화하면서 토착교회의 지도력 육성을 통하여 토착교회가 스스로 성장하고 발전하도록 돕는 것이라고 할 수 있다.

네비우스 방법을 적용한 효과는 시초부터 드러났다. 선천 선교지부의 보고에 의하면 1906년에 이 지역에 있는 기독교 학교는 56개교이고, 기독학생은 1,192명이었다. 그런데 이 학교들은 외국 선교회로부터 한 푼의 보조도 받지 않았다. 또 이 지역에는 교회 건물을 가진 교회가 70개나 되었는데, 단지 두 교회만이 선교회의 보조를 받았을 뿐이었다. 1910년에는 전국을 통틀어 80%의 교회가 자립하고 있었다.[43] 1903-1907년 초기 부흥운동을 거치면서 한국교회는 그 지도력이 급성장했고, 결과적으로 스스로 전도하고 자립하며 자치하는 토착교회로서의 위상을 정립할 수 있었다. 그래서 1920년대의 미국의 경제공황과 1940년 선교사들의 강제 귀국, 그리고 1960년대 후반 선교사 철수로 외부의 선교지원이 약화된 상황에서도 한국교회는 위축되지 않고 부흥, 성장할 수 있었다.[44] 그리고 1907년 평양대부흥이 네비우스 선교정책에 따라 장로교회가 매년 초 2주 동안 시행하던 교회지도자들의 도사경회 즉 집중성경공부 기간에 일어난 역사였던 것도 주목할 만한 일이다.

---

43) 김영재. 한국 교회사. 경기도: 합신대학원, 2019. 127.
44) 신현광. (2023). 네비우스 선교정책의 한국 전래와 실천적 의의. 신학과 실천, 84, 759-785.

3. 성경적 보수신학

한국교회는 초기에 보수 정통주의 신학과 신앙위에 서 있었다. 그 이유는 한국에 복음을 최초로 전한 선교사들이 성경을 하나님의 말씀으로 믿고 순수하게 예수 그리스도의 복음을 전하는 보수 정통주의 선교사들이었기 때문이다. 김영재 교수의 '한국교회사'를 보면 초기 한국에 왔던 선교사들의 거의 대부분이 보수적이고 복음적인 신앙의 소유자였음을 알 수 있다. 그들이 보수적이며 근본주의적 성경관을 지니고 있었기 때문에 전적으로 성경 중심의 선교를 추진하였던 것이다. 마포삼열 선교사는 한국 선교의 희년을 기념하는 예배에서 자신이 한국에 올 때 구원의 복음, 즉 십자가의 도 이외에는 전하지 않기로 결심했다고 말했다. 남장로교회에서 온 첫 선교사 이눌서는 이렇게 말했다. "나는 종교와 경전과의 관계는 절대적이라고 본다. 성경의 문자나 절구를 고친다든지 그 정신을 덮어놓는다든지 혹은 그 의미를 왜곡하든지 해서는 안된다. 성경은 그 원형을 그대로 보존하고 그 정신을 그대로 발휘하지 않으면 안된다."

1893년에서 1901년까지 한국에서 40명의 미국 북장로교 선교사들이 일했는데, 그 가운데 16명이 프린스턴 신학교 출신이었고, 그들이 재학할 당시의 교수로는 미국 장로교회 신학에 크게 영향을 미친 찰스 하지(1797-1878)의 아들 A. A. 하지(1823-1886)와 워필드(1851-1921)가 있었다. 워필드는 당시에 개혁주의 성경관을 가장 강력하게 변호한 신학자였다. 그는 개혁주의 성경관을 전통적인 신앙고백을 위하여 변증했을 뿐 아니라 전통적인 성경무오설을 하나님의 섭리 교리에 비추어 이해하였다. 워필드는 성경을 성령으로 말미암아 영감된 하나님의 말씀이라고 하고 영감의 내용으로는 축자적 영감설을 주장하였다. 워필드는 19세기 중엽 이후부터 유럽과 미국에 일어났던 부흥 운동과 연합선교운동의 영향을 받아 다른 교파에 대하여 관대하였다. 그는 감리교 설교자나 다름이 없이 열렬히 설교하였다고 한다. 한국에 온 초대 선교사들은 또한 학생 시절에 직접, 간접으로 무디의 부흥 설교를 통하여 감화를 받았으며, 부흥의 영향을 입었다. 무디가 설립한 시카고의 성경학교에서는 자주 학생들을 위한 대규모 집회가 열렸다. 한국에 온 선교사들은 이러한 배경에서 신앙 훈련을 받았기 때문에 타 교파에 대해서는 관대했으나 신학적 자유주의나 성경 비판은 단호히 배격하였다.[45]

1912년에 발행된 International Review of Missions (G. H. Jones. "The Growth of the Church in the Mission Field" The International Review of Missions (1912. vol. 1. No. 3. p. 417.)은 초기 한국교회에 있어서 성경의 위치에 대해 말하기를 한국에는 "성경의 권위와 그 가치에 대한 깊은 확신이 널리 퍼져 있으며 한국 사람들은 성경을 그들 생활의 최심부에 가져다 놓고 있었다고 말하였고, 전성천은 한국에 온 초기 선교사들이 뉴잉글랜드에서 온 몇몇 감리교 선교사들을 제외하고는 거의가 미국 장로교 구학파 사상(the Old-School-Idea)이 지배하던 지방에서 왔기 때문에 극히 보수적이며 근본주의적인 것은 놀랄 것이 없음을 지적한다.[46]

이와 같은 사실들로 미루어 볼 때 오늘날 한국교회의 근본주의에 가까운 보수신앙과 열렬한 경건생활 그리고 맹렬한 전도의 열정 등 한국교회를 특징지을 만한 요소들의 큰 틀이 초기 선교사들의 보수적 신앙관에 의해 만들어졌음을 알 수 있다.

---

45) 김영재. 한국 교회사. 경기도: 합신대학원, 2019. 181-186.
46) 정규남. 바른 신학과 우리의 책무. 光神論壇 18.- (2009): 18-19.

조영길 변호사와 아신대 소윤정 교수의 최근 연구에 따르면 한국 내에서는 성경 무오성을 확신하는 복음주의 신학을 따르는 교단들이 90%가 넘는다고 한다. 이것이 한국교회가 세계 선진 기독교국가들 중 유일하게, 전 세계를 휩쓸고 있는 포괄적차별금지법제정과 성혁명 운동을 강력하게 막아서고 있는 가장 큰 동력이 되었다는 것이다. 자유주의 신학사상에 대하여 포용적 자세로 교제를 계속해왔던 해외 기독교회의 주요 기독교 교파들은 거의 모두 동성애를 옹호하고 동성결혼을 합법화하며, 동성애에 대한 성경적 반대를 금지시키는 차별금지법을 수용하며 무너지고 있음을 지적하면서, 한국교회가 보수적 신학의 전통위에서 자유주의 신학에 대해 단호한 태도를 견지해왔던 것이, 오늘날 전 세계에서 가장 강력하게 성혁명·차별금지법을 막는 신앙적 동력이 되고 있다는 것이다.[47]

한국교회 초기 선교사들의 대다수가 보수적 신학과 성경적 신앙으로 무장한 분들이었다는 것은 한국교회에 대한 하나님의 특별한 은혜의 선물이었다고 믿는다.

---

47) 조영길 and 소윤정. (2023). 국제로잔의 총체적 선교 개념과 차별금지법에 관한 침묵에 대한 한국교회의 복음적 대응*. 복음과 선교, 64(4),223-224.

4. 개역한글성경

한국기독교의 역사는 성경번역과 보급의 역사라고 하여도 과언이 아닐 정도로 한국 교회의 성장과 발전에 성경의 번역은 중요한 것이었다. 우리말로 된 성경이 오늘 우리에게 오기까지에는 하나님의 놀라우신 섭리와 역사하심 아래 많은 분들의 수고와 생명을 다한 헌신이 있었다.

만주에서 스코틀랜드 성서공회 파송 존 로스 선교사에 의해 번역된 신약성경 '예수셩교젼서'가 1887년 출간되어 많은 위험을 감수하며 국내로 밀반입되어 배포되었고, 언더우드, 아펜젤러 등 선교사들에 의해 조직된 위원회가 1900년 구역 '신약전셔'을 출간하였으며, 1911년에는 구역 '구약전셔'까지 완역되어 신구약 성경이 모두 번역되어 구역 '성경전셔'로 출간되었다. 이후 수많은 간난신고 끝에 오늘날 한국교회 개역성경의 원판인 개역 '성경전셔'가 1936년 완역되고 일부 수정을 거쳐 1938년에 출간되게 되었다.

신구약 성경의 우리말 완역은 초창기 교회의 가장 간절한 소망 가운데 하나였다. 한국 개신교 최초의 신문 중 하나인 「조선그리스도인회보」에서 한 독자는 자신이 "마치 배고픈 사람과 같다"며 "한문성경을 한글로 빨리 번역해 달라고 요청"하는 편지를 보내었다(1898.5.4). 같은 신문은 이듬해(1899.10.25)에 장로교와 감리교가 뜻을 모아 성경 번역 위원 다섯 명을 위촉하였으며, 장차 성경을 번역할 때 "본 말뜻도 구비하고 대한 말도 순순하여 알아보고 공부하기에 편하도록 해야 한다"는 원칙을 제시하였다. 1900년에 드디어 신약전서 완역본이 나왔을 때, "대한교우들에게 또한 크게 기쁜 일이더라"고 전한다. 「신학월보」에서는 1904년에도 "구약은 아직까지 대한국문으로 번역하지 못하여 한문과 영문을 아는 형제 외에는 공부할 수가 없다"는 안타까움을 피력하였다. 이와 같은 성도들의 갈망과 기도를 힘입어 초기 선교사들과 지도자들은 성경 번역에 전념하였으며, 1906년 「창셰긔」와 「시편」이 낱권으로 먼저 번역되고, 1910년에 구약성경을 완역하여 1911년에 구약전서 완역본이 출간되면서 첫 '셩경전셔'를 내어 놓게 되었다.[48] 이 구역 '셩경전셔'는 한글로 번역된 최초의 성경전서로서 1938년 개역 '셩경전셔'가 출간될 때까지 일제 치하 한국교회 형성과 발전에 지대한 영향을 주었다.

당시 성경번역 위원장이었던 언더우드는 휴가기간을 제외하고는 일생동안 위원장직을 맡아 이 일에 많은 시간을 투자하며 번역작업을 추진하다가 1915년 여름동안 너무 심한 과로로 인하여 건강을 잃은 후 회복하지 못하고 1916년 세상을 떠났으며, 아펜젤러도 1902년 목포에서 열리는 성경번역 관련 회의에 참석하러 가는 도중 배가 난파당해 생명을 잃고 말았다.[49]

오늘날 한국교회가 사용하고 있는 구약성경의 토대가 된 공인 '개역구약성경'(1938) 완성에 주도적 역할을 감당했던 인물인 알렉산더 알버트 피터스(Alexander Albert Pieters, 한국명 피득)에도 주목해야 한다. 그는 1871년 러시아의 정통파 유대인(Orthodox Jew) 가정에서 태어났다. 집을 떠나 우여곡절 끝에 일본 나가사키까지 오게 된 24세의 청년 피터스는 그곳에서 크리스천이 되었고, 그는 일본주재 미국성서공회 총무 헨리 루미스(Henry Loomis)의 권고에 따라 1895년 5월 권서(勸書 colporteur)의 자격으로 이역 한국으로 오게 되었다. 피터스는 히

---

48) 김정우. 우리말 초기 「시편」 번역본들(『시편촬요』[1898], 『성경전셔』[1911])과 『개역』(1938)의 대본 문제와 번역 특징 및 그 수용 과정에 대한 기초 연구. 성경원문연구 .28 (2011): 7-8.
49) 박용규. 한국기독교회사I. 서울: 한국기독교사연구소, 2016. 631-633.

브리어에 능통했을 뿐만 아니라 라틴어 희랍어와 같은 고전어도 학습했다. 또한 러시아어는 물론이요, 독어, 불어, 영어, 이디쉬어(Yiddish)까지 구사하는 어학의 귀재였다. 피터스 청년이 1895년 한국에 오기 전까지 이 땅에는 한국어로 번역된 구약성경이 없었다. 당시 한국에는 구약성경을 번역할 히브리어에 능통한 인물이 필요했고, 피터스는 그 일을 감당하는 데 최적의 인물이었다.그가 서울에 온 후 3년만에 구약성경 중에서 번역하기가 가장 어려운 책으로 알려진 '시편'을 번역했다. 그가 한국어 운율에 맞는 유려한 우리말로 시편을 번역했다는 것은 그의 천부적인 어학적 재능을 잘 말해준다. 피터스는 미국으로 가서 McCormick 신학교에서 신학수업을 받은 후, 미 북장로교회 목사로 안수를 받고 1904년 한국으로 돌아왔다. 그는 당시 구성된 공인 성경번역위원회의 위원으로서 구약성경 번역에 참여하였고, 1910년 최초의 한국어 구약성경을 완성하는데 공헌했다. 피터스 목사는 구약성경 개역위원회의 평생위원으로 위촉되어 한글성경 개역작업에 주도적 역할을 감당했다. 개역작업은 1938년에 끝이 났고, 그 해에 '개역성경전서'가 출판되었다. 1938년에 완성된 개역성경과 오늘날 우리가 읽고 있는 구약성경을 비교하면, 맞춤법이나 고어체만 다를 뿐, 그 내용은 놀랄 정도로 차이가 없다. 이것은 무엇을 말해 주는가? 1938년에 개정된 구약성경은 대단히 잘된 번역이라는 것을 말한다. 특히 소리내어 읽으면 우리말의 운율에 잘 들어맞아 감탄이 나올 정도이다.[50)]

100년 전의 번역 환경은 원전의 비평본, 주석들, 원문사전들, 그리고 디지털 텍스트들을 모두 갖춘 오늘날의 환경과 비교할 수 없을 정도로 열악하였으며 거의 원시적인 수준이었을 것이다. 그 어려운 환경 속에서도 원문과 아시아 언어들과 씨름하면서 100여 년을 애송할 수 있는 번역을 만들어 내었다는 것은 그들의 노고와 헌신이 얼

50) 박준서. [특별기고문] 구약성경 최초의 한국어 번역자 알렉산더 피터스 (피득). 구약논단 24.3 (2018): 14-16.

마나 훌륭했는지 역설적으로 잘 말해준다. 그들이 그들에게 주어진 유산을 갈고 닦으며 당대 최고의 작품을 만들어 내었음을 아무도 부인할 수는 없을 것이다.[51]

그 동안 한국교회가 사용하는 개역성경은(특히 구약의 경우) 처음부터 히브리어 원전 성경에서 번역하지 않고, 한문성경이나 영어성경에서 번역한 선교사 역으로서 오류가 많다는 설이 있었다. 이제 우리는 구약 국역사에서 피터스의 역사적인 위치와 그의 국역 활동의 의의를 조명해 볼 때, 그러한 주장은 사실과 다른 낭설일 뿐 아니라 무책임한 것임을 알 수 있다.[52]

구역 성경전서의의 완역이 1910년이었으며, 이때가 바로 한일합방으로 나라가 망한 해였고, '개역 성경전서'가 발간된 1938년은 한국교회가 신사참배를 결의함으로써 긴 어둠의 터널로 들어가던 해였다. "주의 말씀은 내 발의 등이요 내 길의 빛이니이다". 1910년에는 '구역 성경전서', 1938년에는 '개역 성경전서'를 깊은 어두움 가운데 들어가던 그 해에 빛이신 하나님의 말씀을 우리말로 완역되게 하셔서 한국 교회에 내려 주신 은혜의 하나님께 감사드린다.

---

51) 김정우. 우리말 초기 「시편」 번역본들(『시편촬요』[1898], 『성경전셔』[1911])과 『개역』(1938)의 대본 문제와 번역 특징 및 그 수용 과정에 대한 기초 연구. 성경원문연구 .28 (2011): 29.
52) 김중은. 구약 국역사에서 Alex. A. Pieters의 위치와 의의. 구약논단 14.1 (2008): 177.

5. 평양대부흥

1903년 원산에서 열린 선교사들의 기도회 모임에서 하디(R. A.Hardie) 선교사가 통회의 기도를 통해 한국인 앞에 백인으로서의 우월의식과 자만심에 찼던 권위주의적 자세를 고백하면서 부흥은 시작되었다. 하디 선교사는 1901년부터 3년간 원산과 강원도 통천 등지에서 선교활동을 펼쳤으나 성공적이지 못하였었다. 하디 선교사는 한국에 파송된 서양 선교사들에게서 흔히 찾아볼 수 있는 우월감을 갖고 있었고, 사역에 있어서 성령의 도우심과 인도하심보다 자신의 능력을 의지하는 자만심으로 가득차 있었으며, 한국인을 미개하고 무식한 백성으로 생각하는 교만한 생각을 갖고 있었다고 동료 선교사들에게 공개적으로 고백하고 회개하였다. 또 하디는 자신의 믿음이 약하여 아직 성령강림의 체험이 없다고 자신의 신앙에 대해 고백하였다. 하디의 고백은 선교사들과 조선인 기독교인들로 하여금 진정한 회개와 고백운동을 일으키게 되었다. 개인적인 죄의 고백과 회개였지만 이것은 조선인들의 마음을 새롭게 변화시키고 새롭게 할 작은 불씨가 켜진 것이었다. 이렇게 시작된 원산부흥 운동은 1907년의 평양대부흥운동으로 이어지게 된다.[53]

"우리는 매우 놀라운 은혜를 경험하고 있습니다. 성령께서 권능 가운데 임하셨습니다. 장대현교회에서 모인 지난 밤 집회는 최초의 실제적인 성령의 권능과 임재의 현시였습니다. 우리 중 아무도 지금까지 이전에 그같은 것을 경험하지 못했으며, 우리가 웨일스, 인도 등지에서 일어난 부흥운동에 대해 읽었지만, 이번 장대현교회의 성령의 역사는 우리가 지금까지 읽었던 그 어떤 것도 능가할 것입니다."(1907.1.15, George McCune, to Brown)

---

53) 이병선. 한국교회 초기 부흥운동의 사회심리적·신학적 고찰. 기독교교육정보 28. (2011): 322.

1907년 1월 14일 밤 평양 장대현교회에 놀라운 성령의 역사하심이 있었다. 대부흥이었다. 참으로 강력하고 놀라운 성령의 임재하심과 역사하심이었다. 이것은 그로부터 6개월간 지속되었고 전국으로 확산되었다. 대부흥의 시작은 평양 장대현교회에서 2주간의 일정으로 열렸던 400개 장로교회 연합으로 약 1,000명이 참석한 '평안남도도사경회'의 마지막 바로 전날 저녁 집회였다. 1,000명의 도사경회 참석자들은 지방에서 올라온 개교회의 지도자들이었다. 1월14일 저녁 집회에는 평양 사람들까지 1,500명이 모였다. 그들 모두는 통성[54]으로 간절히 기도하였고 놀라운 성령의 임재하심과 정말로 거대한 회개의 역사가 일어났다.

그 현장에 있었던 스왈른 선교사는 이렇게 증언하였다 : 월요일 밤 성령의 은혜가 임했다. 성령께서 놀라운 권능으로 현시하셨다. 간단한 예배가 있은 후, 온 회중이 일치단결하여 드리는 통성기도는 마치 파도처럼 그 열정과 강도가 올라갔다 줄어들었다 했다. 그런 후 곧 간증이 시작되었다. 모인 회중의 3분의 2가 집으로 돌아갔다. 그런 후 남은 이들이 드리는 연합 기도는 더 새로워졌고, 그 후 그들이 하는 죄의 고백에서도 죄 사함의 확신에 대한 힘이 한층 더 강하게 나타나기 시작했다.[55]

당시의 현장을 목격한 영국의 윌리엄 세실경은 이렇게 증언한다 : "그(그레함 리)가 단지 '나의 아버지'라고 말하자 갑자기 비상한 힘이 밖으로부터 쏟아져 들어와 온 회중을 사로잡은 듯하였다. 유럽인들은 이 현시를 무시무시

---

54) 통성기도는 1906년 Howard Agnew Johnston 박사에 의해 한국에 처음 소개된 것이다. 그는 내한하여 웨일스 부흥에서 있었던 남을 의식하지 않는 큰 소리로 통성기도하는 것을 알려주었다고 한다.(박용규. 평양 대부흥운동. 서울: 생명의말씀사, 2007. 234.)
55) 박용규. 평양 대부흥운동. 서울: 생명의말씀사. 2007. 235.

하다고 기술하였다. 거의 모든 참석자들이 가장 고통스러운 정신적 애통에 사로잡혔으며, 각 사람 앞에서 그의 죄가 그의 삶을 정죄하는 듯하였다. 어떤 사람은 벌떡 일어나 양심의 안정을 찾기 위해 자신 안에 숨겨진 죄를 자백할 기회를 간청하였고, 다른 사람들은 말없이 침묵했으나 자기의 죄과를 폭로하려는 힘을 저항하면서 복받치는 괴로움을 억제할 수 없어 주먹을 쥐고 머리로 땅을 찧기도 하였다. 이러한 장면은 저녁 여덟 시부터 이튿날 다섯 시까지 계속되었으며, 그런 후 선교사들은 사람들이 고백한 몇몇 죄로 엄청난 공포에 사로잡혔고, 그러한 이적을 행하시는 보이지 않는 힘의 임재로 두려워하기도 했으며, 그들이 너무도 사랑하는 한국인 제자들의 정신적인 고통을 동정하며 눈물을 흘리기도 하면서 그 집회를 중단했다. 몇몇 사람들은 잠자러 집에 갔으나 많은 한국인들은 그 밤을 새웠으며, 몇몇은 기도하였고, 다른 사람들은 무시무시한 영적 갈등에 처했다." 선교사들은 피차 죄를 고백했고, 한국 교회는 일본인을 미워하는 생각을 회개했을 뿐만 아니라 하나님을 거역하는 모든 죄를 자복했던 것이다.[56)

그날 밤 성령께서 평안남도 지역의 모든 장로교 지도자들과 선교사들이 모인 가운데 강력한 회개의 영으로 임하신 것이었다. 이것은 시작에 불과했고 그후로도 이와 같은 강력한 회개의 역사가 평양시내 곳곳의 미션스쿨들과 교회들에게도 나타났다. 장대현교회에 임했던 놀라운 성령의 역사는 사경회가 끝난 후에도 계속되었다. 1월 16일, 사경회 이튿날 수요일 아침에 장대현교회 남자학교에서 똑같은 성령의 역사가 나타났다. 수요일 아침 "장대현교회 초등학교 학생들이 평소와 같이 수업을 받기 위해 모였으나 그날 아침에 수업을 할 수 없었다." 학교가 예정대로 시작되었지만 즉시 성령께서 놀랍게 학생들 가운데 임재하셨고, 성령의 놀라운 역사로 인해 수업을 중단하고 1시

---

56) 박용규. 평양 대부흥운동. 서울: 생명의말씀사, 2007. 238-239.

까지 울부짖으며 기도한 것이다. 장대현교회에서, 또 여학교에서 나타난 죄에 대한 회개와 통회의 역사가 또다시 숭덕학교 남학생들 가운데 그대로 재현되었다."57)

그리고 곧 전국의 교회로 확산되었고, 1908년 겨울과 그 이듬해 봄에는 만주 지역의 교회들까지 성령의 불길이 휩쓸고 지나갔다.

UCLA의 옥성득 교수는 평양대부흥이 1907년 1-6월 평양 시내 장로회와 감리회의 교인들과 학생들에게 일어난 회개와 각성 운동이었다고 평가한다. 성령 강림으로 심각한 죄를 회개하고 공개 자백, 중생 체험, 용서, 배상, 헌신을 통해 교회가 변하고 많은 불신자들이 개종하였기에 '대'부흥이고, 평양을 넘어 전국으로 확산된 점에서 '운동'이라고 그 성격을 규정하고 있다.58)

나라의 외교권이 박탈당하고, 군대가 해산되며 경찰권까지 일본에 넘어가고 있던 가장 암울하던 시대에, 나라는 망해가고 있었으나 교회는 하나님으로부터 부어진 생명력을 얻어 살아나고 있었다. 그것도 아주 거대하고 강력하게.

평양대부흥의 결과 부흥을 경험한 신자들에 의해 각지에 교회가 세워지고 성장하는 모습을 담은 생생한 기록들이 남아있다. 그중에 하나가 '평양노회지경각교회사기'에 수록되어 있는 1910년에 설립된 황해도 수안군에 소재한 홀

---

57) 박용규. 평양 대부흥운동. 서울: 생명의말씀사, 2007. 259.
58) 옥성득. [평양 기독교 역사 05] 1907년 '평양 대부흥 운동' 다시 읽기. 기독교사상 725. (2019): 162.

동교회의 역사기록이다. 금광에 일하러 왔던 평양 출신 신자 여러 명이 주일성수를 위하여 뜻을 같이하여 결행했던 1주일 산기도_당시 매우 고되었던 광산일을 마치고 여럿이 밤에 산에 올라 기도하던 신앙의 열정_에 대한 응답으로 교회가 세워지고 그로부터 2개월내에 70여명의 신자로 성장하고 이듬해에 학교를 설립하는 등의 초기 한국교회 감동적인 이야기가 홀동교회 사기로 지금까지 전해지고 있다.

1910년 겨울에 수안군 홀동교회가 설립되다. 1910년 6월에 평양 사람 백여배가 신자 6,7인과 같이 와서 금광사업을 시작할 새 광산 주인이 주일이라도 쉬지 못하게 하는지라. 백여배와 뜻을 같이하는 자 사오인이 매일 밤 산에 올라 기도한지 1주일만에 하나님께서 광산 주인의 마음을 감화하사 주일예배를 허락함으로 석건리 불신자의 집을 빌려서 예배를 시작하니라. 그후에 각처 교인들이 금광에 내도하야 더러운 이득에 침익하야 주일을 지키지 아니하던 교인이 주일을 근수케 되며 다시 1삭후에 홀동으로 이거하야 지익용의 집을 빌려서 예배한지 2개월이 채 지나지 않아 교인이 70명에 달한지라. 기도실이 협착함으로 연보하야 예배당을 매득하니 그때에 선교사는 허대전이며 조사는 최선탁이오 집사는 백여배러라

1911년 6월에 학교를 설립하다.

1912년 6월에 손기철이 집사로 시무하다.

1913년 8월에 최원탁이 영수로 시무하다.

1914년 오명제와 문상준이 영수로 시무하다.

1915년 4월에 학교에 재정으로 인하야 교회내에 분규가 일어나매 영수 2인은 사면하고 8월에 윤봉규, 김송혁이 영수로 시무하며 백여배는 석현동 기도회 처소를 인도하다. 동년 10월에 전관일이 조사로 시무하다가 11월에 목

사로 시무하다.

1916년 4월에 김표년과 안흥수, 김송혁 2인이 집사로 시무하며 그때에 교인이 100여명에 달하니라.[59]

평양대부흥과 그에 이어 1909년 9월부터 1911년 3월까지 계속된 한국교회의 초교파 부흥운동 '100만인 구령운동'의 결과 1907년 장로교 72,986명, 감리교 33,319명 합계 총106,287명이던 기독교인의 숫자가 1911년에는 장로교 144,261명, 감리교 37,035명 합계 총181,296명의 교세로 성장하게 되었다.[60]

---

59) 강규찬. 평양노회 지경 각 교회 사기. 서울: 한국기독교사연구소, 2013. 233-234.
60) 이병선. 한국교회 초기 부흥운동의 사회심리적·신학적 고찰. 기독교교육정보 28. (2011): 330.

6. 길선주 목사의 종말론적 부흥사역

길선주 목사는 1907년 1월 평양 대부흥의 주역이었고, 같은 해 9월 한국 장로교 최초로 목사장립을 받은 7인 목회자 중 한 분이었으며, 선교사 이길함(Graham Lee)을 계승하여 평양 장대현교회를 섬긴 걸출한 목회자였다. 또한 말세사상을 강론하여 그리스도인들에게 새 하늘과 새 땅의 종말신앙을 일깨워준 선각자였다.

1935년 11월 26일 향년 66세를 일기로 소천했을 때 성결교의 이명직은 그를 가리켜 한국기독교를 설립한 영계(靈界)의 파수꾼이자 대훈위(大勳位)의 모범이었다고 회상했으며, 『基督申報』에서는 한국장로회의 원로이자 한국교회의 거성이요 교인들의 존경을 받는 분이라고 기념했다. 장로교의 대표적 학자였던 박형룡 박사는 사도들의 자취를 기리면서 길선주의 숭고한 업적을 세계기독교 역사에 디딤돌을 놓은 디모데, 사도 요한의 직제자이며 속사도 교부인 폴리캅, 교부 크리소스톰, 초기 기독교신학을 집대성한 교부 어거스틴, 종교개혁자로서 장로교를 창설한 칼빈, 감리교를 개척한 웨슬리 등의 공헌에 견주었다. 그는, 길선주는 한국교회가 개척된 이래 반세기에 걸쳐 큰 공적을 남겼고 다시금 한국교회 현장에 바울 사도의 생애를 재현한 분이라고 칭송했다.[61]

연세대학교의 김유준 박사는 길선주의 사상이 3·1운동을 전후로 분기점을 이루어, 1920년 10월 3·1운동으로 인한 2년간의 수감생활을 마치고 출옥한 이후, 길선주는 말세(末世)에 대한 남다른 관심을 보였다고 한다. 임박한 종말과 심판, 주의 재림, 천년왕국에 대한 소망, 이것이 3·1운동 이후 그의 신앙과 설교의 핵심이었고, 3·1운동 이후 14년간 길선주의 순회강연의 90%가 새벽기도회에서는 예수 수난에 관한 것이었으며, 오전 성경공부의 주제는 말

---

61) 안수강. 길선주(吉善宙) 목사의 원자료 해제(解題). 신학과 복음 9. 2020. 90-91.

세학에 관한 것이었다고 한다. 길선주는 말세와 재림이라는 설교로 종말론적 부흥운동을 주도했으며, 그의 부흥운동은 일제에 의해 신사참배가 강요되었을 때, 그 마지막 저항으로 외연화할 수 있었던 신앙적 내장의 출발이었다고 주장한다. 신사참배를 거부한 분들에게 교파를 초월하여 공통으로 나타나는 사상이 바로 종말론이었다는 것이다.62)

길선주 목사는 1920년 이후, 그러니까 삼일운동으로 2년간의 옥고를 치르고 출옥한 이후부터는 그때까지 관여 했었던 현실 참여적 민족운동을 지양하고, 예수 그리스도께서 재림하셔서 이루실 종말적 하나님의 나라 지상통치를 고대케 하는 사역에 집중하게 되었다. 그는 1935년 소천하기까지 10여년 동안 전국의 교회를 순회하며 '말세와 예수 그리스도의 재림'을 주제로 설교하였다. 당시 길선주 목사에 의해 주도되었던 한국교회의 종말론적 부흥운동은 길선주 사후(死後) 한국교회에 몰아닥칠 일제 말 신사참배 강제라는 어두움의 시대에 순교로써 믿음을 지킬 이들을 내적으로 무장시키기 위한 하나님의 크신 은혜의 선물이었다.

선교가 시작된 이후부터 1910년 한일합방 때까지 한국 교회는 급속이 성장하였다. 장로교회는 1912년까지 계속 성장했으나, 합방 이후에는 대체로 성장이 느려졌다. 1917년부터 신자가 줄어들어 독립운동이 일어났던 1919년에는 최저점에 달하였다. 이에 대하여 한국 교회는 1920년에 전도 운동을 추진하였다. 이를 감리교회에서는 '백년전진', 장로교회에서는 '진흥운동'이라 불렀다. 장로교 총회는 이미 1919년 9월에 이 운동을 위한 특별위원회를 조

---

62) 김유준. (2016). 1920-30년대 길선주의 종말론적 부흥운동 - 종말론적 내연과 신사참배 저항의 외연을 중심으로 -. 대학과 선교, 31, 165-198.

직하여 3개년 전도 계획을 수립하였다. 당시에 이 전도 운동을 위하여 활약한 부흥사는 길선주 목사와 김익두 목사였다. 1920년에 장로교회는 5,603명의 새신자를 얻었으며, 장로교와 감리교 양 교회의 주일학교 수가 10,000에서 14,000으로 불어났다.[63]

"그는 귀신을 쫓아냈고 병자를 고쳤으며, 사람들을 구원에 이르게 하고, 죄를 없앴으며, 봉사와 돈을 구별해서 바쳤고, 평화와 기쁨이 넘쳤다. 그는 비록 말할 만한 시력, 돈, 사회적 지위도 없고 과학적 교육을 받지 않았고 그리스어나 히브리어를 모르고, 넓은 세계에 대한 지식이 없지만, 즐거이 생명에서 생명을 구원하는 자로 살고 노력한다. 교양 있고 세련되고 부자요 지혜롭고 모든 종류의 의견을 가질 권리가 있는 우리가 하나님의 궁전의 계단 바깥에서 찬바람을 맞으며 앉아서 영광의 희미한 모습만 바라보며, 영원하신 하나님의 목소리의 불분명한 속삭임만 듣고 있을 때, 그는 맹목적인 애처로운 도교적 추구와 굶주린 마음만 가지고 하나님께 갔으나, 즉시 '하나님의 존전' 내실까지 깊이 안내되었다. 그의 입에서 하나님의 말씀이 살아있고 강력하며 검의 두 날보다 더 날카롭다. 그의 설교는 혀에서 멈추거나 더듬는 적이 전혀 없고 부드러움, 자신감, 직접성의 놀라운 메시지라서 마음을 녹이고 몸을 전율시킨다". 평양대부흥 직후에 게일 선교사는 길선주에 대해 위와 같이 써다. 게일은 길선주가 선교사들이 가지 못한 하나님의 존전의 안방 깊은 곳에 들어가서 하나님의 음성을 듣고 대화를 나눈 자로 높이 평가했다. 길선주의 영성이 선교사들의 영성보다 더 깊고 강력한 것을 인정한 것이다. 그는 길선주를 영적 지도자로 존경했기 때문에 1911년 그의 아들 조지의 유아세례를 동료 선교사가 아닌 길선주 목사에게 부탁했다.[64]

---

63) 김영재. 한국 교회사. 경기도: 합신대학원, 2019. 219-220.
64) 옥성득. 평양 대부흥운동과 길선주 영성의 도교적 영향. 한국기독교와 역사. 25. 2006. 57-96.

'不入平' 즉 평양에 들어가지 마라 : 길선주 목사는 1935년 11월 26일 평남 강서 고창교회에서 평서노회 도사경회를 인도하다가 강단에서 쓰러져 67세를 일기로 영원한 하나님 나라로 갔다. 길목사의 직계 제자임을 자처하는 김린서는 엘리야의 옷을 받아 입은 엘리사처럼, 길목사의 최후 입었던 두루마기를 입고 장례가 끝날 때까지 그 옆을 떠나지 아니하였다. "린서야, 평양이 장차 망할 터이니 너는 평양을 떠나거라" 길목사는 평양 신현교회에서 하는 마지막 설교 후에 그와 같은 말과 함께 "내 병이 대단하지만 노회 부흥회를 아니 할 수 없어 죽어도 가려고 한다." 하면서 떠난 것이 그대로 맞아 그의 최후가 되었다. 예언의 은사를 받은 그는 강단에서 몸이 쓰러져 말을 못하게 되자 땅바닥에 손가락을 움직이면서 글을 썼다. 그것은 '不入平'의 세 글자였다. 과연 그 뜻은 무엇이었을까? 不入平의 '平'이 평양성을 가리키고 있다고 한다면 평양에 들어가지 말라고 하는 뜻이 된다. 평양은 오늘날 공산주의의 적도가 되어있다. 그렇다고 한다면 그의 선지적 예언은 그대로 적중한 셈이 된다.65)

.

65) 김광수. 목회자 길선주에 관한 사적연구. 신학정론 4. no. 2. 1986. 321-322.

7. 김익두 목사의 신유사역

김익두 목사의 신유사역은 1910년대의 한국교회의 침체를 극복하는 귀한 계기가 되었다. 1919년 3.1운동으로 침체를 맞았던 한국교회는 1920년대 초 상당한 부흥을 경험했다. 1919년에 144,062명이던 장로교인이 1923년에는 193,850명이 되었다. 삼분의 일이 증가한 것이다. 이런 1920년대 초의 교회부흥의 한복판에 김익두 목사가 있었다.

신유의 역사가 나타나는 곳에 사람들이 예수께로 돌아오는 역사가 많이 나타났다. 김익두의 신유운동에는 이런 측면들이 수 없이 많이 나타났다. 황해도 신천에는 정덕성이라는 여자가 있었는데 혈루증으로 3년 이상 고생을 하였다. 그의 서자는 세브란스 출신의 의사로서 여러 가지 치료를 하였으나 차도가 없었다. 그러던 중 김익두 목사의 신천집을 찾아가서 안수를 받고 나았다. 이것을 본 남편 간병준은 원래 완고한 사람이었지만 이제 예수 믿기로 작정하고 동네 사람들에게 복음을 전하여 많은 신자를 얻었다. 원래 간병준의 동네에는 신자가 한 사람도 없었는데 수십 명의 신자가 생겼다. 김익두 목사의 신유역사가 나타나는 곳 마다 이런 능력전도가 이루어졌다.

대부분의 많은 경우는 이렇게 신유의 역사가 나타나면 그곳에 복음이 들어가서 새로운 교회가 시작되게 된다. 김익두 목사가 신천에 처음 부임하였을 때 그는 귀신들린 이기화 라는 여인을 치유하여 주었고, 이것이 계기가 되어서 신천 주변에 묘꼴교회가 설립되고, 이어서 양정교회, 온정리교회, 풍천교회, 석당교회, 복양교회, 문화읍교회 등이 설립되었다. 신유운동은 교회개척의 중요한 동력이 되었다. 김익두 목사의 신유운동이 1919년의 3,640개였던 장로교회를 1923년에 4,503개로 부흥시키는데 많은 공헌을 했으리라고 생각한다.

김익두 목사는 집회를 인도하면서 그가 참석하는 교회를 다시 소생하게 만들었다. 1920년 겨울 경상북도의 교회들은 김익두 목사를 청하여 집회를 가졌는데 영적인 갱신을 통하여 신앙이 새로워지는 한편 김천 아포면 송천교회에서는 예배당을 중수하고 교역자의 월급을 상향하였으며, 김천교회와 다른 교회에서는 교역자를 모시지 못했는데 이제 교역자를 단독으로 모실 수 있는 힘을 얻게 되었다.

김익두 목사의 신유집회는 교육사업과도 연결되어 있었다. 원래 김익두 목사는 신천에서 목회하면서 교회내에 경신소학교를 세워 교육사업에도 함께 종사하였다. 김익두 목사는 종종 이 학교를 유지하기 위하여 특별헌금을 요청하기도 하였다. 1920년 여름 평양의 유명한 평양 일곱교회 연합집회도 숭덕학교의 유지자금을 모으기 위함이었다. 그는 넓은 평양에 한국인의 손으로 세운 중등학교 하나 없어 가지고 무슨 체면이 있겠냐고 다그쳤다. 이때 숭덕학교를 위하여 6만원의 헌금이 약정되었다. 이것 외에도 재령에서는 재령읍 유치원을 위하여 특별헌금을 하였는데 이때 특별히 월자를 드린 여자들이 많았다. 이때 드린 월자만 해도 242쌍이었다.[66]

한국교회는 기독교 전래 이래 선교 초기부터 신유 이적에 깊은 관심을 가졌으며 목회현장에서 이 은사를 비중 있게 실천했다. 신유 이적은 시기적으로 1920년을 전후하여 대중적인 부흥운동 차원으로 확산되었고 그 구심점에는 부흥사 김익두가 있었다. 베어드(Richard H. Baird) 선교사는 축귀(逐鬼) 이적이 초기 한국교회가 부흥할 수 있었던 한 동인이었다는 점을 다음과 같이 언급했다. "기독교가 한국사회에 침투해 들어가 한국의 전통과 예리하게

---

66) 박명수. 1920년대 초 김익두의 신유운동. 교수논총 = (A)collection of treatises 14.- (2003): 217-222.

싸우던 초창기에 축귀는 교회의 중요한 활동이었다. 이러한 사례들은 신약성서에서 귀신을 쫓아내는 모습과 너무나 흡사했으며(중략) 이것으로 인해서 교회는 급속히 성장하게 되었다." 의료선교사로 내한했던 알렌 역시 Things Korean(1908)에서 초기 한국교회의 부흥운동이 축귀와 신유 이적으로 크게 확장될 수 있었다고 증언했으며, 신유 이적의 일례로서 언더우드 선교사가 경기도 안산에서 중증 안면 부종 환자를 치료하고 인가귀도를 실천한 사실이 Korea Mission Field 에 "Prayer Cure"(1907)라는 제목으로 소개되었다. 또한 신자 홍승하가 제물포(인천)에서 귀신들려 고생하던 이경필의 아내를 치유한 일이 『예수교신보』에 기사화된 사례도 있다.

김익두의 신유 집회가 장로교 교단 차원에서 난관에 봉착했던 것은1922년 무렵이었다. 황해노회는 『죠션예수교회 이적명증』이 발간된 이듬해인1922년에 헌법 정치 제3장 제1조에 명시된"금일에는 이적 행하는 권능이 중지되었느니라." 이 문구를 수정할 것을 총회에 헌의했다. 그러나 총회는 이 조항이 신경과 성경진리에 위배되지 않으며 개정할 필요가 없다고 결의했고 산하 노회에 회부한 결과 수정불가로 확정되었다. 총회 전 황해노회 소속 임택권 목사(장로교14대 총회장 역임)는 은율, 안악, 장연, 신천, 봉산, 재령 등지에서 사역하던 목사, 장로, 영수,조사 등 26인의 지도자들과 더불어 이적명증회를 조직했다. 이 단체에서는 부흥회 현장에서의 즉석 면담 방식으로 혹은 치유된 사람들을 방문하여 만나거나 서신을 통해 사실관계를 확인했고 이름, 병명, 날짜와 장소 등을 명기했으며 필요한 경우에는 사진을 게재하여 진상을 규명했다.[67]

---

67) 안수강. (2023). 『죠션예수교회 이적명증』(1921)에 나타난 신유 이적과 현재적 함의 고찰. 신학과 실천, 84, 141-171.

아래는 "조선예수교 이적명증"의 첫부분이다.

이렇듯 중대하고 기이한 이적을 우리가 보기만 하고 기록하지 아니하면 수년이 지나지 못하여 그 사실이 세속에 묻히어서 무한히 영화로운 하나님의 영광을 기억하지 못하게 되리니, 이것이 어찌 우리의 무심한 죄가 아니리요. 출애굽기 10장 2절 "또 너로 하여금 내가 애굽 사람 중에서 행한 일과 나타낸 이적을 네 아들과 손자에게 전하게 함이니, 이는 너희로 하여금 내가 여호와인 줄을 알게 하려 함이라" 하셨느니라. 그러므로 우리 이적명증회는 친히 본 바와 손으로 만져본 바를 기록하여 이 책을 만들어 천만대까지 전하고자 하노라. 구주강생 1921년 1월 편집자 임택권 識

[조선예수교회 異蹟明證(이적명증)]

현재 조선 전국의 교회를 부흥시키시는 부흥목사 김익두 씨. 1921년 2월 精査(자세히 조사함). 세계상에 드문 이적을 믿음으로 되어 신천(信川)에서 흘러나와 황해를 통하여 온 조선에 미쳤으니 동서 대지에 증명할 만한 이 奇事(기이한 일).

서 언

1. 이 책은 현대 조선 민족에게 하나님께서 나타내어 주신 은혜로운 이적을 기록하여 영원히 조선 교회의 영화로운 역사로 삼고자 하여 기록함

2. 이 책에 이적이라 한 것은 하나님께서 우리의 기도를 수령하시고, 사람이 능히 행하지 못할 일을 하나님께서 친히 행하신 일을 가르침이라

3. 이 책의 내용은 본 異蹟明證會(이적명증회) 위원들이 친히 상고하여 눈으로 보고 손으로 만지고 친히 참예한 일과 또 본 회의 찬성원들이 친히 보고 만지고 참예하고 기록하여 보낸 것을 모두 모아 편찬함

4. 이 책은 일반 신자 중에 한문을 잘 보지 못하는 이와 아동과 부인들까지 보기에 편의함을 위하여 순 언문으로 기록함

5. 이 책은 사실의 명백한 것을 더욱 명백히 증거하기 위하여 실물 사진을 다수 삽입함

6. 이 책 가운데 '선생'이라 한 것은 김익두 목사를 존칭한 것이며, '이 은혜'라 말한 것은 곧 병 고치는 권능을 가리킨 것이라

7. 이 책은 이 은혜가 전국에 보급된 것을 알기 쉽게 하기 위하여 각 도를 장으로 만들고 각 도의 일치를 따라서 부흥한 순차의 횟수는 서로 바뀐 것도 있음

8. 이 책에 기록한 것은 1919년 12월부터 1921년 1월가지 된 일만 기록한 것인데 합 10도 군에서만 된 사실을 기록한 즉 이후에도 사실이 되는 대로 편집하면 제2권이 있을 것이라

인도하는 말

대저 사람이 기이한 일 보기를 기뻐하는 것은 고금이 일반이라. 옛 때에, 즉 예수 때와 사도들의 시대에 기사와 이적을 많이 행하실 때에 매일 수만의 무리가 수종하였더니, 오늘 이 시대에도 기이막측할 이적을 목도하게 된즉

수다한 무리가 따르는 도다. 이상한 일을 눈으로 보며 이상히 여길 뿐이고 이것을 영구히 기억하고자 하는 자가 없는 것은 오히려 더욱 이상한 일이며 개탄할 바로다. 하나님께서 우리 조선 백성을 권고하사 복음의 도를 전하여 믿게 하신지 38년간에 교회가 오늘과 같은 성황을 이룬 것은 그 감사함을 다 말할 수 없는 바이거니와 겸하여, 1,900여년 동안 세계에서 많이 보지 못하던 희안한 이적을 우리 조선 백성에게 나타내어 보이셨으니, 곧 우리가 지금 눈으로 보는 바 황해도 신천읍 교회의 김익두 씨로 좇아 나타내신 이적이라. 이 일은 한두 곳, 두세 사람의 앞에서만 나타내신 일이 아니고 우리 조선 전국 안 여러 대도회와 수만 인의 눈 앞에서 행한 바라, 곧 삼위일체 하나님의 이름으로 한 번이나 혹 두세 번의 안수기도를 한즉 앉은뱅이가 걸어 다니며, 판수(맹인)가 보게 되며, 반신불수가 완전하여지며, 수십 년 탈음증(자궁이 정상의 위치보다 내려앉아 자궁 경부가 질강 밖으로 빠져나오는 병)이 나으며, 10여 년 혈루병이 깨끗하며, 죽을 지경에 있어서 의원의 약으로 치료할 수가 없던 자가 곧 나음을 얻는 등 이러한 일은 진실로 기이막측하며 수천 년 이래에 드문 일이며 우리 조상때부터 보지 못하던 일이 아닌가? 그러나 무심한 이 세대여, 이러한 기적을 거저 무심히 보고 지나쳐 보내고자 하는 도다. 우리가 흔히 말하기를 "옛 때는 무식한 세대라 사람의 정도가 대단히 암매하였다" 하나 생각하건대 옛날 어느 시대가 이러한 기이막측한 일을 무심히 보고 기록하지 아니한 시대가 있었는가? 상고 모세의 시대로부터 사사들의 시대와 유대국 열왕의 시대, 곧 엘리야와 엘리사의 시대와 그 후 예수님의 시대와 사도들의 시대까지 그 시대에 나타난 기이한 일을 무심히 보고 기록하지 아니한 시대가 어디 있었느뇨. 그러면 이 기이하고 이상한 이적을 무심히 보고 잊어버리고자 하는 오늘 우리의 시대를 암매하지 아니하고 문명하였다 하겠느냐. 이 같은 하나님의 은혜를 찬송하지 아니하는 이 시대는 악한 시대가 아닐까? 지금이라도 이러한 사실이 만일 저 영미(영국,미국) 등의 개명한 나라에서 되었을진대 벌써 그 일의 실상을 기록하여 천하에 발포하였을 것이로다. 우리들이 지금 흔히 읽는 바 미국의 무디 선생의 전기나 영국의 녹스 요한의 사적을 보라. 그 사적의 훌륭함이 오늘 우리의 눈으로 보는 이 일보다 나을 것이 무엇인가? 그렇지만 이 두 선생의 사적은 온 세계가 읽고 칭찬하는 바가 아니뇨. 이러한 것만 아니라 하나님께서 특별히 이 때에 이러한 일을 우리에게 보이시는 뜻이 그 무슨 뜻이뇨. 이러한 큰 일을 거연히 보이실 리는 만무하고 반드시 깊은 성지(거룩한 뜻)가 있는 줄로 하노라. 생각하건대 지금이 어떤 때이뇨. 작년 3월1일 만세사건 이후로 온 조선 전국에 신자들은 무쌍한 고난을 당하였으며 또는 환란과 흉년으로 인하여 굶는 자도 많이 있나니 이러한 곤고와 궁핍, 환란을 당한 이 불쌍한 신자들을 누가 무엇으로 위로하며, 그 믿음을 굳게 하랴, 이는 하나님께서 그 이적을 보이신 까닭의 하나이니, 곧 "고난을 당한 너희 신자들아, 나 하나님이 너희와 함께 하노라" 하심이로다. 출애굽기 4장 1절에서 5절 말씀에 이르시기를 "모세가 대답하여 다로되 저희가 나를 믿지 아니하며 내 말을 듣지 아니하고 말하기를 여호와가 전에 나타나지 아니하셨다 하리이다. 여호와께서 이르시되 네 손에 있는 것이 무엇이냐. 가로되 지팡이니이다. 가라사대 땅에 던지라 하시거늘 땅에 던지매 곧 뱀이 된지라. 모세가 뱀 앞에서 피하니 여호와께서 모세에게 이르시되 네 손은 내밀어 그 꼬리를 잡으라 하시거늘 즉시 손을 내밀어 잡으매 손에서 도로 지팡이가 된 지라. 또 가라사대 이는 저희로 하여금 그 열조의 하나님 여화와께서 네게 나타나신 줄을 믿게 함이라" 하셨고, 또 同 30절과 31절에 일렀으되 "아론이 여호와께서 모세에게 명하신 모든 말씀을 전하고 백성 앞에서 모든 이적을 행하니 백성들이 믿으며 여호와께서 이스르엘 자손을 권고하사 그 고난을 하감하셨다 함을 들을 때에 곧 머리를 숙여 경배하더라" 하셨느니라. 그뿐 아니라 이 때는 안과 밖으로 교회에 괴로운 씨가 들어와서 교회를 어지럽게 하며 교우들을 미혹하며 교역자들의 손을 약하게 하는 일이 많이 있으니, 곧 하나님의 아들이신 예수 그리스도의 이름을 더럽게 하는 자와 무한하신 하나님의 권능의 말씀인 성경에 기재한 이적 기사를 믿지 아니하고 자기의 생각대로 망령되이 해석하는 자들이 일어나서 '예수의 재림이 어디 있느냐, 마귀가 어디 있느냐, 이적이 어디 있느냐' 하는 이런 진실하지 않은 말을 전파하며 심지어 조선 교회의 교리가 야만이라고 훼방하는 자까지 일어났느니라. 하나님께서 저들의 죄악함과 진실치 못함을 굽어 살피시고 그 입을 막고자 하여 이러한 이적을 보이셨도다. 베드로후서 3장 16-17절 말씀에 "또 그 모든 편지에도 이런 일을 말하였으되 그 중에 알기 어려운 것이 더러 있으니 무식한 자와 믿음이 굳세지 못한 자가 다른 성경을 푸는 것 같이 그것도 억지로 풀다가 스스로 멸망을 취하느니라. 그런고로 사랑하는 자들아 너희가 이것을 미리 알았은즉 삼가 악한 사람의 미혹에 이끌려 너희 굳센 믿음을 잃을까 두려워하라" 하셨느니라. 더욱이 이 때는 말세라. 위험한 재난은 날로 급박하여 오고 교회를 까붐질하는 마귀는 벌써 키를 잡았으니 무론 회개치 아니하는 자는 구원을 얻지 못하리로다. 그러한 고로 하나님께서는 속히 회개하고 구원을 얻을 자를 위하여 이러한 이적을 보이신 것이로다. 이렇듯 중대하고 기이한 이적을 우리가 보기만 하고 기록하지 아니하면 수년이 지나지 못하여 그 사실이 세속에 묻히어서 무한히 영화로운 하나님의 영광을 기억하지 못하게 되리니, 이것이 어찌 우리의 무심한 죄가 아니리요. 출애굽기 10장 2절 "또 너로 하여금 내가 애굽 사람 중에서 행한 일과 나타낸 이적을 네 아들과 손자에게 전하게 함이니, 이는 너희로 하여금 내가 여호와인 줄을 알게 하려 함이라" 하셨느니라. 그러므로 우리 이적명증회는 친히 본 바와 손으로 만져본 바를 기록하여 이 책을 만들어 천만대까지 전하고자 하노라.

구주강생 1921년 1월

편집자 임택권68) 識

---

68) 장로교 목사. 1902년에 세례를 받고, 1914년에 평양 장로회 신학교를 졸업하였다. 1920년 황해도 재령군 서부교회

다음은 '이적명증' 중 경성집회 내용의 일부이다.

동년(1921년) 10월 11일 곧 조선예수교장로회 총회 제9회가 안국동예배당에서 폐회된 후부터 2주일 동안 경성의 일곱 개 당회(연지동, 안국동, 승동, 묘동, 신문내, 남문외 등)의 주최로 선생을 청하여 승동예배당 내에서 부흥회를 시작하였는데, 새벽기도회와 오전, 오후에 성경 공부회와 저녁마다 전도 강설회에 큰 감동이 일어나서 믿음이 타락하였던 자가 회개의 눈물을 뿌리고, 교만하던 자가 겸손한 마음을 얻고, 냉랭하던 자가 열심을 얻었으며, 많은 병자가 고침을 받는 등 특별한 이적이 많이 나타났으며, 처음부터 끝날까지 매일 저녁 강설회마다 모인 사람 수효는 만 명 이상씩이나 되었으니, 교회의 회집으로 이러한 많은 사람이 한 곳에 모여 은혜 받은 것은 우리 조선 교회의 설립 후 처음 있는 일이며, 그뿐 아니라 더욱이 이상한 권능으로 믿어지는 것은 새벽기도회마다 수천 명이 회집하여 뜨거운 눈물을 흘리며 또한 명문대가의 귀부인들이 비단 옷을 입은 채로 쓸쓸한 가을바람 서리 찬 저녁에 거적자리 위에서 밤을 새워 기도하는 것은 참말 기이한 현상이라. 이 때에 그 아들을 위하여 대신 기도를 받아서 병이 나음이 있었으니 곧 평안북도 용천군 부라면 원성동에 사는 함덕용(16세)은 정주 오산중학교 3학년 학생인데 소화불량으로 한열이 진퇴하매 기력이 쇠약하고 척골이 된지라. 병상에서 신음한 지가 한달여이더니 그 부친 함석규 목사가 금번 총회 총대로 경성에 왔다가 선생에게 그 아들의 병상을 말하고 동월 6일 오후 2시에 안국동교회 장로 윤치소씨의 사랑 골방에서 선생에게 간절히 기도함을 받았더라. 그 후에 함석규 목사는 믿는 마음으로 경성을 출발하여 본 집에 돌아가 본즉 한달여 중병에서 고생하던 그 아들이 곧 천리 밖에서 기도 받던 그시

담임목사로 부임하였으며, 1924년 조선예수교장로회 총회장에 피선되었다. 이적명증회를 만들고 이 책을 발간한 인물이다.

부터 쾌차하여 음식도 잘 먹으며 출입이 여상하더라. 이 은혜와 그 권능을 본 함석규 목사는 즉시로 감사하는 편지를 선생에게 보내었고 또한 우리 이적명증회에도 증거하는 서신을 보내었더라. 할렐루야. 신기하다.[69]

1920년대 초 한국교회는 심각한 도전에 직면해 있었다. 삼일운동에도 불구하고 독립은 이루어지지 않았고, 사람들은 실망 가운데 있었다. 그래서 일부 사람들은 사회주의로 기울어지고, 또 다른 사람들은 서구에서 들어온 신신학(新神學)을 수용하였다. 이런 가운데 김익두 목사의 신유사역은 기독교가 단지 형식이 아니라 살아있는 실체라는 것을 사람들에게 보여주었다. 그 결과 1920년대 초반의 부흥을 이루게 되었다. 사실 김익두의 신유사역은 갑자기 출현한 것은 아니었다. 한국교회는 초기부터 악령을 추방하고, 질병을 고치는 신유사역을 열심히 해왔다. 김익두의 신유운동은 영적인 세력과의 싸움이었으며, 기독교의 생동력을 입증하는 것이었고, 가난한 대중들의 눈물을 닦아주는 것이었다. 그 결과 한국교회는 1910년대의 침체상태를 극복하고 1920년대의 새로운 부흥을 경험하게 되었다. 하지만 1920년대 중반을 지나면서 신유운동은 식어가기 시작한다. 이것은 외적으로는 사회주의 계열의 공격이 심화되어 김익두의 신유운동을 미신이라고 공격하였고, 내적으로는 교회가 복음을 전하고 하나님의 초자연적인 역사를 추구하기 보다는 농촌계몽운동과 같은 간접선교의 방법을 선호하였기 때문이다. 1920년대 후반 한국교회는 다시금 쇠퇴의 길을 걷게 되었다.[70]

---

69) 임택권. (조선예수교회) 이적명증. 서울: 한국고등신학연구원, 2008. 186-187.
70) 박명수. 1920년대 초 김익두의 신유운동. 교수논총 = (A)collection of treatises 14.- (2003): 228-229.

III. 신사참배로 가는 길

1. 민족주의의 덫

"1907년도 「대한매일신보」를 보면 예수교에 대한 긍정적인 기사와 논평을 계속 볼 수 있다. 1월 부흥 후 동경 유학생들이 조국을 위해 단지 동맹을 하자 평양 교인들은 의연금을 모아 보냈고, 선천의 신성중학교는 사범 과정을 개설하여 초등학교 교사를 배출해 평북 지역 국권회복 교육운동을 지원했으며, 평양의 7세 어린이가 국권 회복 연설 후에 나라를 위해서 3일 간 금식을 하자, 이를 성신 감화의 결과로 보도했다.(2월 19일) 신보는 부흥을 통해 국권 회복의 기초가 마련될 것으로 기대했다."[71]

평양대부흥을 경험한 기독교인들 특히 학생들을 비롯한 지식인층에서는 이 부흥을 통해 나라의 국권 회복이 될 것으로 기대하고, 이 부흥으로 얻어진 교회의 동력을 국권회복운동으로 전화시키고자 하였다. 이것은 사람이 보기에는 옳은 것이었다. 나라의 국권을 회복하는 것이 일제에 의한 강제병합을 눈앞에 두고 있던 당시 대한제국 국민들의 시대정신일 수 밖에 없었으니 말이다. 그것을 외면한다는 것은 의기를 가진 국민 누구에게서도 옳다 인정함을 받을 수 없는 것이었다. 하물며 기독교인들인데다가 순수한 이상을 가지고 열정에 가득찬 학생들이야 두말할 나위가 없었던 것이다.

그러나 그럼에도 불구하고 한국교회는 교회의 본질적 사명에 집중했어야 했다. 복음전파를 통한영혼 구원에 집중해야 했고, 신자들의 영적 성장과 성숙이 교회 사업의 주된 목표였어야 했다. 물론 전도를 위한 의료와 교육과 구

---

71) 옥성득. [평양 기독교 역사 05] 1907년 '평양 대부흥 운동' 다시 읽기. 기독교사상 725. (2019): 165.

제 사업은 옳은 일이었으나, 정치와 사회운동은 교회 사업에서 완전히 배제했어야 했다. 하나님의 나라는 이 땅에 속한 것이 아니기 때문이다. "예수께서 대답하시되 내 나라는 이 세상에 속한 것이 아니니라 만일 내 나라가 이 세상에 속한 것이었더라면 내 종들이 싸워 나로 유대인들에게 넘겨지지 않게 하였으리라 이제 내 나라는 여기에 속한 것이 아니니라"(요한복음 18:36).

기독교인이 된 망해가던 대한제국의 엘리트들 중 상당수는 일본 제국주의의 실질적인 식민지가 되어가고 있던 조국의 국권회복이라는 정치적 문제와 대한제국 민중의 가난 극복이라는 경제적 문제의 해결을 위해 즉 이 땅에서의 현실적 문제의 해결을 위해 기독교 사상과 교회 조직 그리고 선교사들의 힘을 이용하려 했다. 그리고 그들은 기독교회와 선교사들의 배후에 있는 구미 각국 기독교 국가들의 힘과 지지를 기대했었다. 이동휘, 여운형, 김규식, 조만식, 손정도 등 당대의 굵직한 위인들이 모두 기독교인들이며 목사였고, 전도사였고, 장로였으며 동시에 독립운동가요 훗날 3.1운동 후 세워진 중국 상하이 소재 대한민국 임시정부의 요인들이 되었다. 이들은 독립운동가로서는 훌륭한 분들이었고, 그 인품과 실력도 존경할 만한 대단한 인물들이었다.

김영재 교수에 의하면 당시 선교사들도 많은 한국의 지성인들과 애국자들이 정치적인 동기에서 교회를 찾는다는 사실을 알고 있었다고 한다. 교회로 찾아오는 사람들 가운데 많은 사람이 나라의 비운을 눈앞에 두고 애국과 새로운 신앙을 조화있게 잘 소화하지 못했다는 것이다.[72]

---

72) 김영재. 한국 교회사. 경기도: 합신대학원, 2019. 130.

"한국의 독립운동사를 보면 앞장선 상당수의 지도자들이 기독교인이었음을 보여주고 있으며 실제로 1910년 해서교육총회 사건, 1911년 신민회 및 105인 사건, 1914년 국민회 사건, 그리고 1919년 삼일운동의 서명자 33인 가운데 평양신학교 출신이 다섯명(평신에서 수학했던 이승훈까지 포함할 경우)이나 되었다. 그 외 집사와 장로로 독립선언에 서명한 이들까지 포함할 경우 장로교 출신은 기독교 서명자 16명 가운데 7명이다. 단순히 수적으로만 장로교의 역할을 강조하는 것은 아니다. 선천 신성중학교 교사들과 학생들이 일제의 105인 사건의 요주의 인물들이었고, 평양과 기타 지역에서 장로교회가 기미 삼일독립운동을 전국적인 운동으로 확산해 나가는 일에 중추적인 역할을 감당하였다."[73]

위 박용규 교수의 논문에서 1910년 해서교육총회 사건, 1911년 신민회 및 105인 사건, 1914년 국민회 사건, 그리고 1919년 3.1운동 등 1910년대에 활발히 일어났던 민족운동의 중심에 한국 교회와 기독교인들이 있었다는 것을 확인할 수 있다.

"전국조직을 가진 신민회의 지방조직이 가장 활성화되어 있었던 곳이 서북지역이었고, 특히 평양, 선천, 의주, 정주, 용천, 등 비교적 기독교 교세가 강했던 지역을 중심으로 조직이 결성되었다. 105인 사건의 기소자 123인의 출신지별 분류를 보면, 선천이 46명으로 제일 많았고 그 다음이 평양 27명이었다. 직업별로는 교사가 31명, 학생이 20명, 그리고 상공업 종사자가 50명, 목사도 6명이었다. 종교별 분류에서도 105인 가운데 기독교인이 93명으로 전체의 88% 이상을 차지하고 있으며, 특히 장로교는 기독교인의 87%를 차지하고 있다."[74]

---

73) 박용규. 초기 한국장로교회와 기독교민족운동 재평가. 신학지남 77. no. 4 (2010): 96.

"1919년 3월 1일부터 약 2개월 동안 3.1운동이 국내외에서 평화적으로 일어났다. 이 기간에 국내에서만 시위가 1,542회 일어났다. 그 당시 한국의 인구는 약 1,600만 명이었고, 전체 인구의 10%가 넘는 2백 만 명 이상이 시위에 가담했다. 또 그 당시 개신교 교인은 약 29만 명이었으며 전체인구의 1.8%였다. 그런데, 만세시위자의 30%가 개신교 교인이었다. 시위 도중에 체포당하고 투옥당한 사람의 20%가 교인이었다....(중략)....1919년 당시 장로교회 총회산하 전국 12개 노회가 있었고, 이 노회들이 하나도 빠짐없이 독립만세시위에 적극적으로 참여했다. 이것은 전국 인구의 1.8%에 불과한 개신교 교인이 독립만세시위자 30%였다는 통계수치를 확인케 한다. 장로교회의 독립만세시위를 전국 21개 중학교의 교사와 학생이 견인했다."[75]

한국교회는 1900년대에 하나님께로부터 받은 힘을 1910년대에 국권회복과 민족독립운동에 사용하였다. 그 정점은 1919년 3.1운동이었다. 독립선언서에 서명한 민족대표 33명 중 16명(감리교 9명, 장로교 7명)이 기독교인이었다. 3.1운동에는 장로교의 전국 12개 노회가 빠짐없이 참여하였고, 전국 21개 미션스쿨의 교사와 학생들이 만세운동을 견인한 것을 알 수 있다. 교회와 기독교학교들의 조직력을 이용하여 한국교회가 주도하여 벌인 운동이 삼일운동이었던 것이다.

1911년 백만인 구령운동의 종료이후 지속적으로 교세가 위축되고 있던 당시 한국 교회는 3.1운동 이후에는 더욱 위축되고 만다. 김익두 목사의 부흥운동으로 1920년대 초반 잠시 살아나는 듯 했으나 그것도 몇 년 가지 못하였

---

74) 박응규. 서북 기독교와 선천(宣川) : 신성(信聖)학교를 중심으로. 복음과 선교 61.- (2023): 140-141.
75) 임희국. 1919년 3.1운동에 대한 재(再)인식 선교사들의 현장구술채록과 장로교회 총회 회의록(제8회, 1919)을 중심으로. 선교와 신학 48. (2019). 303-333.

다.

평안남도 강동군 용천리교회 史記를 분석하고 요약하여 당시의 교회들의 실정을 알아보자.

1903년경에 강동군 고천면 용천리교회가 설립되다. 선시하야 1901년에 정능설이 사회동교우 박찬록에게 전도를 받고 사회동에 와서 주일을 각수하며 이웃사람들에게 전도함으로 정상설, 정무설, 정풍설, 정응설, 정종도, 정석환, 정명설 제인이 믿게 되고 사회동에 와서 예배하더니 남녀 신자가 30여명이라. 이에 정풍설 집에서 예배하니 교인들이 항상 성경을 토론하며 찬송하며 전도를 힘쓰니 석일 사도시대의 교회와 방불하더라.

1904년 봄에 예배당 4칸을 건축하니 자차로 교회가 점흥하야 교우가 130여명이오 직원은 선교사 편하설, 조사 안동극, 영수 정상설, 집사 정경설, 정석환이라. 또 학교를 설립하고 자제들을 교육하다....

1912년에 예배당을 중수하니 차시 직원은 선교사 필립보, 조사 윤천각, 영수 정상설, 정경설, 정석환 3인이오, 집사 정석철, 김홍점, 김건원, 김원실 4인이오 교인 100여명이라.

1915년에 교회가 약하야 낙심자가 많으니 조사 박승엽이 열심 심방하였으나 교회는 부흥치 못하고 점점 연약하여지니라. 그때에 직분은 영수 정경설, 정석철, 집사 정석점, 정석영이오 교인은 40여명이러라.

1917년에 교회가 여전히 약하고 선교사 오월번과 조사 채영환이 시무하다.

1919년 3월 독립사건에도 교회는 별무피해함으로 교회는 여전하다.

1920년에 독립만세사건으로 인하야 교인들은 자조 취체를 당하야 혹 피신도 하고 혹은 이거도 하다가 나중에 교인 남녀 전부가 경찰서에 구인되어 무수 난타를 당한 일도 있고 1년후에 정석홍은 피착되어 7개년 징역에 처함으

로 교회는 심히 약하야졌으니 회집도 불완전하게 되었느니라

1920년과 1921년에 김석환은 조사로 시무하고 선교사는 허일이러라.

1922년에 조사 박응률이 열심 권면함으로 교회가 회복되니라

1923년에 이도신은 평양 여성경학교에 공부하며 성천 강동지방 권사로 시무하니라. 교회가 연약한 중에 정경설, 이찬국은 더욱 열심히 교육하다.

1924년에 정명설은 다년간 낙심하였으나 임종시 회개하고 자기의 평생 동안의 주일연보를 헌하니 이것으로 교회 종을 매입하였다. 또 전몽은은 진실한 신앙으로 낙심된 교인을 권면하여 항상 기도하다. 차시 교회직원은 선교사 필립보, 조사 박응률, 영수 정경설, 집사 이찬국이오 교인은 30여명이러라[76]

위 용천리교회의 사례를 전국 모든 교회에 일반화하는 것은 무리일지나, 당시 전형적인 교세 위축의 패턴을 보여 주고 있는 사례라는 점에서 참고할만하다. 1900년대에 세워져서 크게 부흥하고 성장하던 용천리교회가 1910년 대에 들어 점차로 교세가 약해지면서 삼일운동으로 결정타를 맞고 교회가 해체의 위기까지 몰렸던 것을 알 수 있다. 3.1운동의 실패로 인한 교인들의 낙심과 무기력 그리고 일제의 탄압으로 교회는 약화되었던 것이다.

"1919년 삼일운동 이후 한국교회는 극도로 침체하여 있었다. 삼일운동 이전과 비교하면 약 십만이 감소하였다."[77] 박명수 교수는 그의 논문 '1920년대 초 김익두의 신유운동'을 통해서 삼일운동 이후 한국 교회의 교세가 10

---

76) 강규찬. 평양노회 지경 각 교회 사기. 서울: 한국기독교사연구소, 2013. 134-136.
77) 박명수. 1920년대 초 김익두의 신유운동. 교수논총 = (A)collection of treatises 14.- (2003): 217.

만명이 감소했다고까지 쓰고 있다.

손정도 (1881년~1931)는 1962년에 대한민국 건국훈장 독립장을 추서받은 독립투사이자 목사였다. 그는 평양 숭실중학 출신으로 나중에 기독교 장로이자 민족운동가로서 유명하고 나중에 북한 공산당에 의하여 처형당한 조만식과 동기였다. 손정도는 감리교 목사로서, 목사 안수를 받기 전에 이미 서울 동대문교회와 정동교회를 담임하여 교회를 크게 성장시키기도 하였다. 1919년 3.1운동에는 민족대표 33인중의 하나로 참가하였고, 이후 중국 상하이로 망명하여 대한민국 임시정부 임시의정원 의장과 교통부 총장까지 지냈다.

손정도 목사의 장남은 대한민국 해군을 창설하고 해군참모총장과 국방부장관을 지낸 손원일 제독이다. 차남 손원태는 미국에서 의사가 되었으나, 1991년 김일성의 초청으로 북한을 방문하여 환대받은 후 '내가 만난 김성주-김일성'이라는 책을 저술하여, 가짜 김일성 논란에 대하여 북한의 주장을 옹호해주는 큰 공헌을 하였고 죽은 후 그 유해는 평양의 애국열사릉에 묻혔다. '내가 만난 김성주-김일성'의 감수자는 2024년초 대통령 부인 김건희 여사의 소위 '디올백 몰카' 사건으로 유명해진 바로 그 재미 친북활동가 '최재영' 목사이다.

감리교의 역사신학자 이덕주는 손정도 목사가 목회를 결심하게 된 이유를 다음과 같이 설명한다.

1907년 1월, 평양에서 대부흥운동이 일어났을 때 손정도는 숭실중학교 학생 신분으로 부흥회에 참석하여 '통회자복'을 하고 '윤리적 갱신'을 체험하였다. 그러면서 동시에 위기에 처한 민족의 운명을 놓고 고뇌하며 기도하던 중, "나 자신 앞에 이천만의 남녀 동포가 하나도 빠짐없이 죽 늘어선 것이 보였다." 그는 이것을 "사망에 빠지는 그들, 죄악이 멍에에 착고를 당한 그들을 구원하고 해방함이 나의 책임이라고 보여줌이다."고 해석하였다. 그는 "이천만을 구원할 무거운 짐을 자기의 등에 진 까닭에 자기의 몸이 그만큼 중대함"을 깨닫고 도탄에 빠진 민족을 구원하는 길을 목회 사역에서 찾았던 것이다. 이런 맥락에서 손정도는 기독교를 '초월적', '현실도피적' 종교로 이해하지 않았다. 그는 민족의 처한 현실이 수난과 고난의 상황인 것을 인식하고 있었다. 그는 이 같은 '일제 식민 지 상황'를 성경에 나오는 구약의 이스라엘 백성들의 '포로상황'과 연결지어 이해하고 거기서 해답을 찾았다."[78)

손정도는 자신이 기도하는 중에 본 환상을 성경의 진리에 기반하여 해석했으면 좋았을 것이다. "기도하던 중, 나 자신 앞에 이천만의 남녀 동포가 하나도 빠짐없이 죽 늘어선 것이 보였다.", "사망에 빠지는 그들, 죄악이 멍에에 착고를 당한 그들을 구원하고 해방함이 나의 책임이라고 보여줌이다." 손정도는 기도중에 본환상을 위와 같이 해석하였으나, 이 '구원과 해방'이라는 부분에서 오해가 있었다. 그는 이것을 식민지적 압제와 가난이라는 현실로 부터의 구원과 해방으로 해석하고 만 것이다. 성경적 진리에 기반하여 해석한다면 마땅히 '구원'은 '죄와 사망의 권세로부터의 해방' 즉 복음을 전하여 예수 그리스도를 믿게 함으로써 죄와 사망의 마귀 권세로부터 영혼들을 구원하는 의미로 해석했어야 했다.

"예수를 너희가 보지 못하였으나 사랑하는도다 이제도 보지 못하나 믿고 말할 수 없는 영광스러운 즐거움으로 기뻐하니 믿음의 결국 곧 영혼의 구원을 받음이라(벧전 1:8-9)"

---

78) 이덕주. 일제하 기독교 민족운동과 사회주의, 신학과세계 63, 2008, 105-106.

이 말씀과 같이 성경적 의미의 구원은 영혼의 구원을 의미한다. 물론 성경에서 '구원'이란 말이 '생명의 위협에서 벗어나다'라는 등의 뜻으로도 쓰였지만 그리스도의 구속 사역이 전체 성경 해석의 기준이 되어야 하므로 '구원'이라는 말의 합당한 해석은 '영혼의 구원'으로 하여야 마땅한 것이다.

"그러므로 이제 그리스도 예수 안에 있는 자에게는 결코 정죄함이 없나니 이는 그리스도 예수 안에 있는 생명의 성령의 법이 죄와 사망의 법에서 너를 해방하였음이라(롬8:1-2)".

성경에서의 '해방'은 죄와 사망의 법에서 해방되는 것이다. 율법을 어기는 것이 '죄'요, '죄'의 댓가는 '사망'이며, 이 '사망'은 영적으로는 '사탄의 권세' 아래 있게 되어 하나님으로부터 오는 생명의 은혜(복)로부터 단절됨을 의미하고, 육신의 죽음 이후에는 영원한 지옥 형벌을 받게 되는 것을 의미한다. 바로 이 죄와 사망의 법에서 해방되는 것, 영혼이 얻는 자유와 해방 그리고 영원한 천국을 소유하게 되는 것이 '해방'의 올바른 성경적 의미인 것이다. 정치적 압제나 경제적 빈궁에서 해방된다는 것은 단연코 아니다.

"우리가 소망으로 구원을 얻었으매 보이는 소망이 소망이 아니니 보는 것을 누가 바라리요(롬8:24)".

소망은 보이는 것에 대한 즉 물질적 현실세계에 대한 소망이 아니라는 것이다. 조국의 자주독립, 민생의 평안과 안정, 정치적 평등 같은 이 땅에서의 소망을 이루기 위하여 신앙생활이나 목회활동을 하는 것이 아니라는 것이다. 올바른 성경적 '소망'은 구주 예수 그리스도의 재림시에 육신을 벗고 영원한 생명 부활의 생명체를 덧입게 되는 것을 소망하는 것이다.

손정도 본인이 본 환상에 대한 해석이 성경적이었다면 아마도 그는 영혼 구원을 위한 전도와 목양에 집중하는 목회 사역을 펼쳤을 것이다. 그러나 진리에 기반하지 않은 '정치적 경제적 사회적 측면의 구원과 해방'이라는 관념을 갖고 시작한 목회 사역은 손정도 목사로 하여금 영혼구원이라는 목회적 본질로부터 벗어나 정치적 민족독립운동, 무장독립투쟁에 대한 후원, 사회주의를 추구하는 농민공동체 창설 운동 등에 헌신하게 하였던 것이다.

최영근은 손정도 목사가 기독교와 사회주의를 대립적인 것으로 이해하지 않았고, 민족주의를 매개로 하여 사회주의를 수용하였고, 그의 사회주의는 마르크스를 거부하는 통상의 기독교 사회주의와는 결이 다른 것이었다고 평가한다.

"손정도 역시 기독교의 기반 위에 사회주의를 수용하였다. 손정도에게 기독교와 사회주의를 매개하였던 논리는 민족주의였다. 그는 임시정부를 떠나 1926년 이후 길림에서 목회를 하면서, 만주지역 동포들을 중심으로 이상촌 건설을 위한 "농민호조사"(農民互助社)를 조직하여 활동하였다. 이와 함께 독립운동과 항일무장투쟁을 적극적으로 지원하였다. 그는 임시정부에서 사회주의 세력과 함께 일한 경험이 있었고, 민족 운동을 위해 사회주의와 연대하는 것에 거부감이 없었다. 특히 1930년대 신간회 해소 이후 민족주의와 사회주의 사이에 갈등과 대립이 격화되는 상황에서 만주지역에서 민족 운동 세력의 힘을 모아 항일투쟁을 전개하고자 하였다. 이러한 맥락에서 그는 기독교와 사회주의를 대립적으로 이해하지 않았고, 농민호조사 발기문 연설에서는 "기독교적 사회주의"를 표방하며 이렇게 주창하였다. "기독(基督)의 사회주의(社會主義)가 압흐로 실현되여야 합니다. 우리가 시하(時下)를 쫒차 기독(基督)의 정신을 발휘(發揮)하나니 조선 내지(內地)나 만주나 기독교적 신농촌(新農村)이 조직(組織)되여야 하겠고 압흐로는 네게 잇는 소유(所有)를 다 이 농촌에 드리노켓느냐 하는 문답으로 그 이가 교인되고 못됨이 나타나게 될것시다.", "자본가의 금전"에 맞서 "무산농민"(無産農民)이 자립하기 어려운 상황에서 "빈자(貧者)끼리 협동호조(協同互助)하는 것으로 생산의 자본력을 만들어야 한다"는 것이 농민호조사의 발기목적이었고, 여기에서 손정도의 사회주의 성격이 드러났다. 그의 "기독교적 사회주의"는 마르크스주의를 거부하는 기독교 사회주의와는 결이 다른 사회주의 기독교를 함의하였다."[79]

각 사람은 위에 있는 권세들에게 복종하라 권세는 하나님으로부터 나지 않음이 없나니 모든 권세는 다 하나님께서 정하신 바라 그러므로 권세를 거스르는 자는 하나님의 명을 거스름이니 거스르는 자들은 심판을 자취하리라 (롬13:1-2). 너는 그들로 하여금 통치자들과 권세 잡은 자들에게 복종하며 순종하며 모든 선한 일 행하기를 준비하게 하며(딛3:1). 인간의 모든 제도를 주를 위하여 순종하되 혹은 위에 있는 왕이나 혹은 그가 악행하는 자를 징벌하고 선행하는 자를 포상하기 위하여 보낸 총독에게 하라(벧전 2:13-14)

그러므로 내가 첫째로 권하노니 모든 사람을 위하여 간구와 기도와 도고와 감사를 하되 임금들과 높은 지위에 있는 모든 사람을 위하여 하라 이는 우리가 모든 경건과 단정함으로 고요하고 평안한 생활을 하려 함이라(딤전 2:1,2). 영적인 신앙생활을 위해 정치적으로는 국가에 복종하고 협조하며 지도자와 관리들을 위해 기도하는 것 심지어는 총독 즉 식민지 통치기관이라 할지라도 그렇게 해야 하는 것이 하나님께서 원하시는 성경적 국가관이라

---

79) 최영근. (2018). 1920년대 일제강점기 한국 사회에서 사회주의와 기독교 관계에 관한 연구. 신학사상, 181, 321-323

할 것이다.

그러나 국가나 식민지 통치기관에서 신앙에 위배되는 복종_예를 들면 신사참배와 같은 우상숭배_을 강요할 때에는 소극적 저항 즉 불복종을 해야 하고 그에 따르는 처벌은 그것이 사형이라 할지라도 감수하는 것이 성경을 통해 우리에게 알려주시는 하나님의 뜻이다.

사로잡힐 자는 사로잡혀 갈 것이요 칼에 죽을 자는 마땅히 칼에 죽을 것이니 성도들의 인내와 믿음이 여기 있느니라. 그가 권세를 받아 그 짐승의 우상에게 생기를 주어 그 짐승의 우상으로 말하게 하고 또 짐승의 우상에게 경배하지 아니하는 자는 몇이든지 다 죽이게 하더라(계13:10,15). 예수께서 대답하시되 내 나라는 이 세상에 속한 것이 아니니라 만일 내 나라가 이 세상에 속한 것이었더라면 내 종들이 싸워 나로 유대인들에게 넘겨지지 않게 하였으리라 이제 내 나라는 여기에 속한 것이 아니니라(요18:36)

손정도 목사는 일제하 엄혹했던 시기에 독립운동가로서는 존경받을 만한 분이었으나, 목회자로서는 하나님의 뜻에 합당했던 분은 아니었다. 그리고 그가 의도한 것은 아니었겠지만, 손정도 목사의 마지막 사역지였던 만주 길림교회와 그의 사택이 훗날 세계 역사상 가장 극악한 우상독재체제를 만들었고, 스스로 살아있는 신으로 군림하였으며, 죽어서도 신으로 경배 받고 있는 그리고 북한의 모든 교회를 말살하고 수많은 기독교인들을 학살하며 수용소에 가두었던 세계역사상 비슷한 유형을 찾아 보기 힘든 희대의 적그리스도적 독재자 김일성의 청소년기 요람 역할을 하게 된 것도_그는 1927년부터 1930년까지 3년 동안 부친을 여읜 소년 김일성을 "친자식처럼 사랑"하며 돌

보아 주어, 훗날 그로부터 "친아버지처럼 존경"한 "은인"이었다는 평을 듣게 된다. 김일성은 만년에 쓴 회고록 『세기와 더불어』 제2권 제1장의 제목을 아예 "손정도 목사"라 하고 그와의 인연을 기록할 정도로 평생 손 목사를 각별하게 생각하고 고마워했다[80] _ 목회의 본질에서 벗어난 그의 사역이 하나님의 뜻에 합당치 않았다는 표지가 아니었을까 생각해 보게 된다.

이동휘(1873~1935)는 대한제국의 군인, 정치가이자 일제강점기의 사회주의 계열 독립운동가였다. 대한제국의 육군 장교 출신으로 한말 애국계몽운동과 의병 운동을 이끌었고, 기독교인이 되어 함경도, 평안도, 북간도, 연해주 한인 사회 등에서 활동하면서 기독교 신앙을 전파하는 독실한 전도사로 활동하기도 했다. 1919년에는 대한민국임시정부의 국무총리를 역임하기도 했다. 그러나 이동휘는 후에 기독교 신앙을 버리고 공산주의자 되었고, 사망하기 직전 "나는 조선의 혁명이 성공하는 것을 보지 못하고 죽는다. 동무들은 반드시 고려소비에트공화국을 성립하시오." 라는 유언을 남겼다고 한다.[81]

그는 독립운동 중 일제에 의해 여러 차례 검거와 투옥을 반복적으로 당했었다. 한 번은 일경에 쫓기다가 함경도까지 가서 캐나다 선교사 그리어슨을 만나 그의 조사(전도사)가 되어 활동했다. 그리어슨은 이동휘에 대해 이렇게 썼다. "그때 즈음해서 이동휘라는 한국 사람 하나가 나를 찾아왔다. 그는 성진 지방의 토박이로서 굳건한 기독교 신자였다…. 그가 나를 찾아온 까닭은 그리스도 교회의 발전을 위하여 헌신해 보겠다는 목적에서였다. 그의 큰 희

---

80) 류대영, 두 권의 손정도 목사 평전 김흥수의 『손정도, 애국적 생애』와 이덕주의 『손정도 자유와 평화의 꿈』." 기독교사상 746. (2021): 185.
81) 위키백과

망은 다른 애국자들과 마찬가지로 민족을 계몽시키는데 있었다. 그러나 지금은 오직 하나님의 은총과 도움 없이는 이 나라를 구할 수 없다고 믿고 있었다.... 그는 허술한 옷차림으로 짚신 신고 무거운 성경책 보따리를 걸머지거 매서인 노릇을 시작했다. 그가 가는 곳마다 민중이 모여와 그의 전도 강연을 들었다.... 그는 1912년까지 우리와 함께 일했다."[82]

이후 그는 일경의 추격을 피해 시베리아까지 도피하였다가 그곳에서 러시아 경찰에 의해 체포되어 감옥에 갇히게 된다. 그곳에서 이동휘는 볼셰비키 서적을 탐독하다가 사회주의자가 된 것으로 보인다. 결국 그는 러시아 볼셰비키혁명의 성공 1년 후인 1918년 4월 한인사회당을 창당했다.

"한인사회당은 처음부터 볼셰비키 노선을 지지했다. 그러면서 한인사회당의 여호인[83]들은 마치 유대인 시오니즘 운동가들처럼 독립된 고국으로 돌아가려 했다. 그런 면에서 한인사회당은 유대인의 분트 또는 레닌의 볼셰비키처럼 국제주의와 민족주의라는 지난한 모순 속에 갇힌 조직이라 할 수 있다. 이동휘가 상해의 통합임정에 참여한 것은 민족주의 입장에서였다. 하지만 이동휘는 마치 레닌의 볼셰비키처럼 계급적 국제주의에 따라 통합임정 타도에 몰두했다. 볼셰비즘을 따르는 한인사회당의 속성상 당연한 귀결이었다. 하지만 그런 귀결은 이동휘의 불행이었고 한인사회당의 불행이었으며 나아가 통합임정의 불행이기도 했다."[84]

---

82) 김인수. 한국교회와 사회주의 및 공산주의와의 관계. 敎會와 神學 27.- (1995): 69-93. 1920~30년대의 공산주의 교회 박해를 중심으로. 75.
83) 러시아국적도 토지도 없이 러시아 극동지방에 사는 한인들을 여호인이라 불렀다. (임경석, 한국 사회주의의 기원.)
84) 신명호. [신명호의 상해임정 27년사 12] 레닌의 볼셰비키 혁명, 한인 볼셰비키 운동을 추동하다_통합임정의 불행 예

그즈음의 이동휘를 과연 기독교인이라 볼 수 있을 것인가? 김인수는 그가 기독교를 버리고 완전히 사회주의자가 된 것으로 본다.

그의 행적을 더듬어 보면 크리스챤으로서 할 수 없는 일들을 서슴지 않고 한 사실을 몇 가지 찾아 볼 수 있기 때문이다. 기독교 신앙은 무엇보다고 목적이 아무리 선해도 방법이 불법적이거나 비복음적이면 이를 배척하는 법이다. 그러나 이동휘는 민족의 독립이라면 무슨 일이든지 사양치 않았고, 이를 위해서는 수단 방법을 가리지 않은 인물인 것으로 보아 그가 사회주의 사상을 접수하고는 기독교 신앙을 버렸다고 볼 수 밖에 없다. 1935년 2월15일자 동아일보 기사는 이동휘가 "상해를 떠나 노령으로 건너가서는 사상적으로 공산주의에 공명하여 믿어오던 예수교도 버리고 이 운동에 전력하였다"고 보도하였다.... 그가 창당한 고려공산당 강령에 자본주의 체제는 반드시 제국주의로 발전하므로 당면 과제인 독립운동도 근원적으로 자본주의 체제의 타도 즉 사유재산 제도의 전복과 함께 수행되어야 하며 그러기 위해서는 소비에트 정부와 동맹을 맺어야 한다는 논리를 담고 있다. 또한 이 강령은 "무산 대중을 해방시키기 위해서는 과학적 문화운동 및 종교배척 운동을 전개할 것이지만, 신자를 모욕하는 행동을 일절 피하라"고 한 것을 보면 이동휘가 기독교 신앙을 가졌었다고 보기는 어렵다는 결론에 이른다. 따라서 여기서 우리는 민족의 독립을 목적으로 기독교 신앙을 받아들인 사람은 그 목적을 이루기 위한 더 좋은 방편이 나오면 기독교 신앙도 버릴 수 있다는 결론을 이끌어 댈 수 있다.[85]

고한 이동휘와 한인사회당의 사회주의 노선. 월간중앙 . (2023): 203.
85) 김인수. 한국교회와 사회주의 및 공산주의와의 관계. 敎會와 神學 27.- (1995): 69-93. 1920~30년대의 공산주의 교회 박해를 중심으로. 77-78

민족의 독립을 목적으로 기독교 신앙을 받아들인 사람은 그 목적을 이루기 위한 더 좋은 방편이 나오면 기독교 신앙도 버릴 수 있다는 것. 그렇다 기독교를 이용하여 무슨 선하고 의로운 일을 하려는 것 자체가 잘못된 것이다. 기독교는 인간의 본질적 죄성과 그 댓가인 영원한 지옥 형벌의 성경적 진리를 인정하고 이 죄의 문제를 해결받기 위한 유일한 방편인 하나님의 아들 예수 그리스도를 믿어 구원받는 것 그리고 이 구원의 복음을 전해 다른 사람도 구원받게 하는 것이 본질이요 목적인 것이다. 이 기독교 복음의 본질과 목적을 추구하지 않는 것이 가장 큰 악인 것이다.

이동휘를 조사로 데리고 있었던 캐나다 선교사 그리어슨의 증언대로 이동휘는 민족의 독립과 계몽을 위해 기독교를 믿었다. 그러나 그는 러시아에서 볼셰비즘을 접하고 이 볼셰비즘이 러시아 구체제를 무너뜨리고 새로운 세상을 여는 그 광경을 목격하면서 민족의 독립에 사회주의가 더 유용하다고 판단하여 기독교를 버렸다.

육이 강해지면 영은 약해지는 법이다. 일본 제국주의 통치하에 한국교회의 민족운동에 힘쓴것과 민족지도자들의 교회를 이용한 민족운동은 결국 한국교회의 교세의 약화를 가져온 하나의 중요한 원인이 되었고, 교회의 영적인 침체도 불러왔다. 민족운동은 교회가 교회의 조직력을 이용하여 나설 일이 아니었다. 민족의 독립은 하나님께서 정하신 때에 하나님의 역사하심으로 되는 것임을 알아야 한다. 경제와 사회구조적 문제도 마찬가지이다. 무장독립투쟁으로 나라가 광복된 것이 아니었지 않은가. 사회주의 운동의 결과 사람들의 경제적 문제가 해결된 것도 아니었다. 세상나라들을 주관하시고 공의로 다스리시는 하나님의 예정하신 뜻과 시간표에 따라 제2차 세계대전에서 미국이 승전함으로 일본 제국주의 식민통치가 종결되어 해방된 것이다. 사회주의는 경제문제를 해결한 것이 아니라 오히려 악화시켰다. 북한이 좋은 사례이지 않은가?

"그러므로 염려하여 이르기를 무엇을 먹을까 무엇을 마실까 무엇을 입을까 하지 말라 이는 다 이방인들이 구하는 것이라 너희 하늘 아버지께서 이 모든 것이 너희에게 있어야 할 줄을 아시느니라 그런즉 너희는 먼저 그의 나라와 그의 의를 구하라 그리하면 이 모든 것을 너희에게 더하시리라"(마태복음 6:31-33).

지금 이 땅에 사람의 힘과 지혜와 노력으로 하나님의 나라를 구현하려는 움직임이 기독교회 내부에 큰 흐름으로 자리잡고 있다. '세상을 바꿔라', 'Change the world' 같은 말이 교회와 기독청년들의 표어요 좌우명이 되는 것이 기독교계에서 조금도 이상한 것으로 여겨지지 않는 상황이다. 이러한 흐름은 한국교회 초기에도 마찬가지였다. 그러나 하나님의 나라는 이 땅에 사람에 의해 건설되는 것이 아니다. 하나님의 나라는 지금 신자들의 마음속에 믿음으로 하나님의 다스리심이 임하는 것이고, 신자들의 사랑과 믿음의 연합안에 하나님의 통치가 임하는, 현재적으로는 영적인 역사인 것이다. 그리고 이 세상의 종말에 예수 그리스도께서 강림하셔서 마귀와 그를 따르는 이 세상나라들을 심판하시고 이루실 미래적 종말의 나라가 하나님의 나라이다.

2000년전 오순절날 마가의 다락방에서, 예수님께서 당부 하신 말씀을 따라 성령의 세례를 받기 위해 날마다 마음을 같이하여 오로지 기도에 힘쓰던 120명의 예수 부활의 증인들은 몇 날이 못 되어 성령으로 세례를 받았고, 곧 베드로를 영수로 하는 예루살렘교회가 세워졌고 부흥이 일어났다. 이 부흥의 힘으로 예루살렘교회는 날마다 모여 기쁨으로 찬양하고 사도들의 가르침에 귀 기울였으며 예수는 그리스도라 가르치며 전도하기에 힘썼다. 사도행전

말씀을 비롯한 신약의 서신서들을 보면 당시 잔혹한 로마의 식민지 압제하에 있던 이스라엘의 독립 문제에 예루살렘 교회는 아무 관여도 하지 않았고 관심도 없었다. 교회는 오직 예수 그리스도의 부활과 주 되심만 전파할 뿐이었고, 그분의 다시 오심을 소망할 뿐이었다. 유대인으로서 그리스도인들이 된 이들이 그들의 조국 이스라엘의 독립을 소망하지 않았던 것이다. 그들은 예수님께서 다시 오셔서 영원한 왕으로 통치하실 그 나라를 소망할 뿐이었다.

한국교회도 1907년에 2000년전 오순절날 예루살렘교회 보다 더 강력하다고 볼 수 있는 대부흥을 경험했다. 1907년 1월14일 밤에 평양 장대현교회에서 성령세례받은 사람은 600명이었다. 예루살렘 교회의 5배! 이 대부흥은 6개월을 지속하여 전국으로 확산되었고 다음해에는 중국 만주까지 퍼졌다. 그러나 예루살렘교회와 달리 한국교회는 대부흥으로 얻은 교회의 조직력과 영향력을 조국의 국권회복운동에 집중하여 사용하였다. 1910년대에 일어났던 굵직굵직한 독립운동들은 거의 전부 교회와 기독교계 학교들의 조직력을 이용하여 기독교계 지도자들이 주도한 것들이었다. 그 정점에 있던 것이 1919년 3.1운동이었다. 3.1운동 이후 한국교회는 어떻게 되었던가? 3.1운동으로 인하여 교회가 부흥했다고 믿는 분들이 많은데 이것은 사실을 알지 못하여 그렇게 믿으시는 것이다. 그 시대 한국 교회사 관련 자료들을 조금만 찾아보아도 3.1운동 이후 한국교회의 교세 위축과 영적 침체에 대해 알 수 있다. 한국 교회는 3.1운동 이후 맞이한 이 깊고 어두운 영적 침체에서 벗어나지 못한 상태로 1930년대 일제의 신사참배 강요를 맞이하고 말았던 것이다.

누가 옳았던 것일까? 예루살렘 교회였는가? 한국교회였는가?

한국 교회가 원산대부흥에서 평양대부흥으로 이어지는 수 년의 세월동안 하나님께 받은 은혜는 그 규모와 강도면에서 초대 예루살렘교회가 받은 은혜를 능가하는 것이었음에도 불구하고, 그 부흥의 열기가 그토록 쉽게 사그러들었던 것은 바로 그 받은 은혜를 하나님께서 원하시지 않는 것에 오용했기 때문이었다. 한국교회는 초기에 방향을 잘못 잡았던 것이다. 지금도 모든 기독교인들이 누구나 너무도 당연하게 칭송하지 않을 수 없는 우리 민족의 독립운동_그것은 민족사적으로는 의로운 것이다_에 교회로서 참가한 것은 잘못된 것이었다. 이것이 민족주의를 이용한 사탄의 올무였고 한국 교회는 이 사탄의 올무에 걸려들었던 것이다. 기독교인이었고, 독립운동가 손정도 목사의 가르침을 받아 3.1운동에 참가하여 순국한 유관순 열사도 복음을 위하여 순교한 것은 아니었다. 순국한 것이지 순교한 것은 아니었다.

평양 산정현교회에서 주기철 목사의 제자였던 안도명 목사는 저서 '산정현교회와 수진성도들'에서 이같이 말한다. (안도명 목사 자신도 독립운동으로 일제에 체포되어 옥고를 치른 바 있는 애국지사였다.)

일제 말기의 순교자들은 애국운동하다가 죽은 자가 아니다. 정치와 종교를 예리하게 구분했다. 해방이 되자 이들에게 순국자의 영예가 하나 더 겹쳐져 순교와 순국을 동시에 완성한 것이 되었다. 그러나 지적해 둘 것은 순교자 혹은 산 순교자이지 순국자가 아니다. 신앙과 애국을 엄격하게 구분했던 분들이다. 수진자들 가운데서도 채정민 목사는 신학적으로 수진신앙의 레일을 깐 분이고, 이기선 목사는 성령 충만으로 그 레일위를 질주한 기관차와 같은 분이다. 주기철 목사와 한상동 목사는 기관차의 기관사 역할을 한 분이다. 채정민 목사가 취조를 받으면서 "대일본제국에 나와 같은 일등국민이 없는데 왜 나보고 나쁘다고 하느냐?"고 하니 취조관이 깜짝 놀라며 "어째서 그러하냐?"고 반문했다. 채 목사가 대답하기를, "나는 대일본제국의 모든 법을 다 지키는 자니 일등국민이 아니냐"고 했다. 취조관은 한번 더 놀라면서 "영감은 신사참배도 하지 않으면서 어떻게 모든 법을 다 지킨다고 하느냐?"고 했다. 채 목사는 말하기를 일본법에 "신사참배 했으면 안하는 자는 죽인다고 했을 것 아니냐 나는 이 법에 절대 순종한다. 신사참배를 하라고 하는데 이것은 하나님의 법에 위배되니 못한다. 그러면 죽어야 한다고 하는 법에 순종하여 '나는 지금 죽겠습니다.'하고 죽기까지 순종하고 있으니 대일본제국의 모든 법을 다 지키는 것이 아니냐"고 했다. 하나님의 법에 순종하여 죽기를 각오했다는 말에 취조관은 아무 말도 하지 못하고 취조를 중지했다. 수난 성도들은 정치적 항거와 종교적 반대를 엄격히 구별했다. 국법에는 마지못해 순종하되 하나님의 법에 위배되는 것은 순교를 각오하고 항거했다. 그 당시 한국인들은 일본제국의 국민이었으니, 비록 이것이 강제에 의해 일본국민이 되었을지라도 일본 국법에 순종해야 한다는 것이다. 조선인이니 일본국법에 순종할 수 없다고 하는 것은 조선인으로서는 애국이 될지언정 기독교인으로서의 신앙행위는 아니라는 것을 이론적으로만이 아니라 죽음을 각오하고 예리하게 분별한 것이다. 애국과 신앙, 순교와 순국을 분별하지 못하는 자들에게 좋은 교훈을 주었다.[86]

기독교는 세상을 바꾸기 위한 종교가 아니다. 진정한 교회와 기독교인들의 하나님께 상달되는 기도와 선한열매로 인하여 즉 교회와 성도들이 신앙생활을 잘한 결과 세상이 일정기간 일정 부분 개선되어 좋아지는 것일 뿐 이 세상을 바꾸는 것은 기독교 복음의 본질적 목적은 아닌 것이다.

베드로전서 3장 7절 "이제 하늘과 땅은 그 동일한 말씀으로 불사르기 위하여 보호하신 바 되어 경건하지 아니한

86) 안도명. 산정현교회와 수진성도들. 서울: 본문과현장사이, 1999.

사람들의 심판과 멸망의 날까지 보존하여 두신 것이니라" 말씀과 같이 이 세상은 마지막 심판의 날까지만 존재하는 임시적인 곳임을 인정해야만 한다. 요한복음 18장 36절 "하나님의 나라는 이 세상에 속한 것이 아니니라"라는 예수님의 말씀대로 기독교가 소망하며 추구하는 하나님의 나라는 이 물질 세계에 속한 것이 아닌 영적인 세계인 것이다. 기독교인이 직업으로서 정치인이 될 수도 있고, 독립운동가도 될 수 있다. 그것이 잘못된 것은 아니다. 그러나 교회가 정치하는 조직이 되어서는 안 된다. 민족운동이나 사회운동하는 조직이 되어서도 안된다. 목사나 전도사 등의 교역자들은 정치인이 될 수 없고 되어서도 안된다. 사회운동가나 민족운동가도 되어서도 아니된다. 만약 교역자가 정치를 하려 하거나 사회운동이나 민족운동을 하려 한다면 교역자의 지위에서는 물러나서 해야 한다. 당연히 정치나 사회운동, 민족운동 등을 주된 목적으로 표방하는 교회를 세운다거나 기존 교회 조직을 그런 운동에 이용하거나 동원해서도 아니 되는 것이다. 그러한 행위는 교회를 그릇된 방향으로 이끌게 된다. 영혼 구원과 하나님의 영광을 드러내기 위한 교회와 복음의 본질을 흐리게 하고 변하게 하여 결국은 교회를 실질적으로 무너뜨리게 되고 만다. 본질을 잃어버린 교회는 맛 잃은 소금과 같이 쓸모가 없어 길에 버려져 사람들에게 멸시당하고 짓밟히게 될 것이다. 본질을 잃어버리고 목적을 상실한 교회는 세상으로부터 잠시 이용당하고 결국에는 버려지게 될 것이다. 정치는 정치집단이 더 잘하는데 정치하는 교회가 설자리는 없을 것이다. 사회운동도 사회단체가 더 잘한다. 환경운동도 환경단체가 훨씬 더 잘한다. 자선과 구제도 자선단체가 더 전문성이 있다. 교회는 교회여야 한다.

민족주의의 덫에 빠짐으로 영적침체기를 맞이한 한국교회는 인본주의, 세속주의, 사회주의, 신비주의, 자유주의신학의 연이은 공격에 더욱 쇠약해진 상태로 신사참배를 맞닥뜨리게 되었다.

2. 교회를 타락시키는 세속주의와 인본주의

"금일에 신앙을 귀히 여기는 자가 드물다. 교회에서 목사를 택할 때에도 지식만을 존중히 여기는 폐가 있다. 그 목사가 영어를 아는가? 일본말은 아는가? 지식이 있나? 교제를 잘 하는가? 이 따위 것만 사실하면서 그 목사가 믿음이 독실한가? 성경에 관숙한가? 이것은 문제 삼지 않는다. 아- 가탄할 바이다. 이 세대 교회는 거꾸로 되었다."[87] 길선주 목사는 1930년대 담임목사 청빙과 관련한 당시 한국 교회의 세태에 대하여 한탄하고 있다. 오늘날 한국 교회의 모습과 100년전 한국 교회의 모습이 어찌나 판박이처럼 비슷한지 모른다.

1920년대 한국교회의 교세는 침체 일로를 면하지 못하고 있었다. 1931년에 「신앙생활」을 창간한 김인서는 이러한 현상을 추문과 분쟁으로 기록되어 온 명예스럽지 못한 교회사라며 비통해 했다. 그는 1923년 이후 5, 6년 사이에 수적으로 교세가 현저히 위축된 사실을 강조하며 미국선교본부로부터 질책이 있었다는 점을 주시했다. 그의 글에서 당시 감리교와 장로교의 교세를 살펴보면 1928년 58,000명의 교세였던 감리교회는 1929년에 2,000명이 줄고 1930년에는 다시 3,000명이 감소하여 1931년에는 53,000명에 불과했다. 장로교 역시 1925-1926년 사이에는 1,266명이, 1926-1927년 사이에는 5,005명이 감소했는데, 1930년에 이르러서야 비로소 1,423명이 증가했다.

그렇다면 교인들의 이러한 수적 감소와 아울러 당시 교회의 거룩성에 대한 평가는 어떠했는가? 1924년 이대위,

---

87) 박용권. 1930년대 조선예수교장로회 연구. 국내박사학위논문 장로회신학대학교 대학원. 2007. 서울. 189.

1931년 「청년」의 편집인이었던 최승만, 1933년 「신앙생활」의 주필이었던 김인서의 시각을 살펴보자. 이 대위는 물질주의의 만연과 종교파산론을, 최승만은 의식적, 미신적, 분립적, 이기적인 현상을, 김인서는 추문이 난무하고 영적 윤택이 부재하다는 점을 들어 이들 모두 한국교회의 타락상을 총체적으로 비판하고 나섰다.[88]

대부흥을 직접 경험한 세대들이 당시 한국교회의 주류였음에도, 1920-30년대 한국교회는 영적으로 침체되어 있었다. 교회 안에 사랑과 공의는 찾아보기 어려웠으며, 물질과 음란과 교만과 분쟁의 죄악이 관영하였다. 교회내에 빈부를 차별하여 대하는 일들이 확연하였다. 가난한 이들은 교회에서 멸시받았고 부자들은 존대 받았다. 목사와 장로들의 재정 유용과 횡령 사건이 빈번하게 일어났고, 기생집을 출입하던 당회원들이 교회 청년들에게 발각되는 일도 있었다. 이러한 부정행위에 대하여 교회의 권징은 부당하고 책벌은 무기력했다. 유력자에게는 가벼운 처벌이 내려졌다. 불의한 교회 재판이 행해지고 있었다. 교회안에서 수백명이 서로 편을 갈라 유혈이 낭자한 난투극을 벌였다. 교회분규에 폭력배들이 동원되곤 했다. 평양대부흥의 중심이었던 장대현교회 등에서 1920~30년대에 실제로 벌어졌던 일들이다.

"1923년 11월에는 조선회중교회 평양 기성교회에서 서울 출신 신명균 담임목사가 배척을 당해 교회에서 사임했다. 그 이유는 (1) 사기적 수법으로 예배당 매매 시도, (2) 예배당 부속 가옥을 전세로 줌, (3) 예배당 일부를 숙박소로 이용, (4) 교인 반대에도 신흥학원 매입, (5) 신흥학원 수입 전용, (6) 목회에 태만, (7) 평양인 멸시 때문이었다. 목사가 하나님 대신 맘몬을 섬기고, 예배당을 사유화하여 숙박업을 하고 헌금을 유용한 사례였다.....평양 장대

---

88) 안수강. 1930년 전후 한국교회 신비주의 고찰. 한국기독교신학논총 107. (2018): 112-113.

현교회 분쟁은 노년층과 청년층의 대결로 시작되었다. 1926년 봄 교회 정책에 항의하는 차원에서 찬양대 대원이나 주일학교 교사 청년들이 대부분 사임했다. 연말 공동처리회에서 회계와 사무처리에 모호한 부분이 있자 언쟁이 일어났으며 청년파에서 당회를 맹렬히 공격하였다....(중략)....당회원 중에 "신앙 생활에 용서할 수 없는 행동" 곧 기생집 출입이나 부동산 투기와 고리대금업을 하는 자도 있었는데 오히려 "청년의 의사를 압박"했기 때문이었다. "사회주의에 감염된" 청년들과 "교도를 통솔할 능력이 없는" 노장파 당회 간 소통은 쉽지 않았다....(중략)...시찰회가 조사하던 중, 당회가 3월 5일 청년파 네 명(김영기, 김만형, 이병찬, 김관선)을 책벌하고, 6일 예배때 변인서 목사가 이를 광고하자, 4명은 강단 위로 올라가 그 부당성을 말하려고 시도했다. 장로들이 제지할 때, 이 모 장로의 아들과 다른 청년들이 올라와서 네 명을 구타하면서 격투가 벌어졌다. 길선주 목사가 폐회를 선언했으나, 김만형은 책벌의 직권 남용을 비판하고 목사와 장로의 비행을 말했다. 수백 명이 두 파로 싸우는 모습에 여자 교인들이 통곡하자 모임은 해산되었다. 장대현교회 30년 역사에서 처음 발생한 분쟁 폭력 사태였다.[89]

1920년대 한국교회에는 교회건축 붐이 일었다. 크고 화려한 교회들이 많이 건축되었다. 1930년대 들어서는 교인 수도 대폭 증가했다. 인위적인 교회성장운동의 결과였다. 그것은 장로교회가 주도하였다. 많은 기관들이 신설되었다. 각종 전도기법과 전도프로그램들이 개발되어 보급되었다.

"1932년 10월 16일부터 장로교회의 각 교회는 매주 수요일마다 6주간 개인전도법을 가르쳤으며, 신문 전도, 라디

---

89) 옥성득. 평양 기독교 역사 09 장로교회 분쟁: 김선두, 길선주, 변인서 목사 배척 사건, 1923-1934. 기독교사상. 10. 2019. 146-152.

오 전도 같은 방법도 병행하였다. 대개 인위적인 방법들 이고 의도적인 여러 가지 전도 운동을 제시하였다. 이러한 방법 중에는 요즘 같은 배가 운동이 있었다. 대구지역에서는 배가운동을 벌였다. 첫째, 예배 출석 배가, 둘째 교회학교 출석 배가, 셋째 헌금 배가, 넷째 가족 예배 배가, 다섯 째, 성경공부 배가 운동을 벌였다. 성령의 충만함을 받아, 복음을 전하지 않고는 견딜 수 없어서 전도한 것이 아니라, 교회에서 벌이는 교인 배가 운동에 참여하기 위해 전도하는 운동이다. 1930년대는 순수하고 뜨거운 열정을 가지고 하는 전도가 아니라, 전문적인 방법과 대중 매체를 동원한 전도가 유행한 시절이었다. 그래서 개인전도는 구식이 되어 버렸다. 이러한 진흥운동은 30년대 내내 지속되었다. 1930년에 구성된 진흥방침연구위원들은 본래 3개년 계획을 세웠었다. 제1년(1931-32년)은 헌신, 성서보급, 특별기도의 해로 정하고, 제2년(1932-33년)은 특별대부흥전도의 해로, 제3년(1933-34년)은 기독교문화 운동의 해로 정하였다. 하지만 제3년의 계획을 변경하여 50주년 희년을 기념하는 전도의 해로 정했고, 제4년(1934-35년)에 희년축하운동과 기독교문화운동을 함께 하였다. 그리고 1935년 총회에서 진흥부를 계속 두기로 결정하였으며, 우리는 단합해서 이러나자라는 표어를 내걸고, 다시 3개년 계획(1기: 1935년 11월-1936년 8월, 2기: 1936년 9월-1937년 8월, 3기: 1937년 9월-1938년 8월)을 수립하여, 1938년까지 진행하였다."[90]

조직과 프로그램에 의한 전도였다. 인위적인 진흥책이었지만 교인수는 증가하였다. 교회수도 증가하였다. 1938년 신사참배 결의 이후에도 1941년까지 교회와 교인수는 계속 증가하였다. 인위적 진흥책에 의하여 교회는 양적으로 대폭 성장하였으나, 성령의 바람은 일어나지 않았고 교회의 생명력은 없었다.

---

90) 박용권. 1930년대 조선예수교장로회 연구. 국내박사학위논문 장로회신학대학교 대학원. 2007. 서울. 126-127.

오히려 1932년 4월 5일부터 있었던 제22회 평양노회 정기회는 교회에서 큰 소리로 기도하는 것을 제지하는 내용 등을 담은 건의안을 통과시킴으로 교회안에서 자발적으로 일어나던 성도들의 기도운동을 제지하여, 성령의 바람을 잠재워 버리기까지 하였다. 김요나 목사는 '동평양노회사(東平壤老會史)'에서 "만일 평양교계에 불어왔던 기도의 열풍을 기성교회가 겸손하게 수용하고 이것을 건전하게 이끌어갔다면 어떻게 되었을까? 그렇게 되었다면 그 후 몰아닥친 신사참배 투쟁에서 그렇게 나약하고 비겁하게 굴복하지 않았을 것이고 오히려 기도의 힘을 통해 승리했을 것이 아닌가? 그런데 통탄하고 놀라운 것은 기도운동의 소방수들이 훗날 거의가 친일 세력으로 전락하여 신사참배를 주도한 일이다. 오늘의 시각에서 보면 당시 바리새적 교권주의자들의 판단과 같이 이 기도운동을 훗날 이용도의 이단성과 동일선상에 올려 놓은 것은 부당하며 초기 순수한 기도운동을 막은 것은 정말로 가슴 아픈 교권적 횡포였다."[91] 라고 1932년 4월 평양노회의 '기도제한법'을 평가했다. 하나님께서 한국교회에 미구에 닥칠 사탄의 공격에 대비하여 승리할 수 있도록 기도로 성령의 능력을 더해 주시고자 성도들을 일깨워 기도하게 하셨던 은혜를 '기도제한법'이라고 하는 인본주의적 소행을 통하여 막아버렸던 것이 당시의 한국교회였던 것이다.

거기에 교회내의 분규, 교단내의 지역간 갈등_장로교의 서북지역과 기호지역의 지역갈등은 교단이 분리될 뻔한 위기까지 초래했었다_과 교권다툼, 교단간의 갈등은 1935~36년에 극에 달했다. 외형은 크고 화려해졌지만 생명력이 없는 교회는 사랑이 아닌 갈등과 다툼으로 가득한 법이다. 1936년 전임 우가키 총독보다 더욱 강경한 신도정책을 펼치려는 미나미가 조선 총독으로 부임하였을 때, 장로교회는 광주에서 총회로 모여 서북세력과 기호지방을 중심으로 결속한 비서북세력이 치열한 교권다툼을 벌이고 있었으며, 그 다음해에는 중일전쟁이 발발하였다. 인본

---

91) 김요나. 東平壤老會史. 서울: 동평양노회역사편찬위원회, 2003. 167.

주의적 진흥책과 조직력으로 겉으로는 살아있는 듯이 보였으나 영적으로는 죽은 것이나 진배없었던 것이 당시 한국 교회였던 것이다. 1936년 일제의 신참배 강요가 본격적으로 시작되는 시점에, 한국교회는 그것을 막아낼 아무런 영적 능력도 갖추고 있지 못한 사실상의 무장해제상태였다.

3. 신비주의

가. 신비주의 이단의 출현

1920년대 신비주의 이단의 출현에 관해서는 대전신대 허호익 교수의 '한국의 이단 기독교의 교리적 계보'를 요약하여 참고하였다. 이 연구를 통해 현재 한국교회 거의 모든 이단들의 교리적인 뿌리가 1920년대 중반 '김성도'라는 여인에게서 나온 것이라는 것을 알 수 있다. 또 사탄이 뿌려 놓는 가라지가 교회의 타락속에 자라며 잠복하고 있다가, 기회가 되면 크고 악한 열매를 맺는다는 것을 알 수 있다.

한국 기독교 역사에서 출현한 이단들의 교리 형성에 결정적이고 지속적인 영향을 끼친 이는 김성도(金聖道, 1882-1944)이다. 1923년 음력 4월 2일 김성도는 입신하여 천군 천사들을 만났고, 그때 예수와 나눈 대화 속에 "주님은 육신을 쓰고 한국으로 오신다."라는 등의 음성을 들었다고 한다. 1931년 2월에는 김성도의 딸 석현에게 "새 주님이 나타났으니 회개하지 않으면 안 된다."라는 계시가 내렸다고 한다. 김선환의 증언에 의하면, "사방에서 많은 환자가 모이고 기도를 받으면 즉석에서 마음이 감동되자 권사란 명칭을 부르지 않고 '새 주님'이라고 불렀다."고 한다. 남녀가 한자리에 모여서 "'역사! 역사! 새 주님 역사! 진주문에 들어가서 새 주님 만나자'고 야단법석"이었다고 한다. 1931년부터는 "새 주님이 이미 한국에 왔다고, 새 하늘과 새 땅이 시작되었다."라고 주장한 것으로 보인다. 그리하여 김성도 권사의 추종자들을 '새 주교'라고 불렀다.

이렇게 '새 주'로 교주를 신격화하는 이단의 전통은 '하나님의 새 이름' 또는 '재림 예수의 새 이름'이라는 교리로 발전하였다. 안상홍은 "나의 새 이름을 그이 위에 기록하리라"(계 3:12)라는 말씀과 "내가 감추었던 만나를 주고 또 흰 돌을 줄 터인데 그 돌 위에 새 이름을 기록한 것이 있나니 받은 자 밖에는 그 이름을 알 사람이 없느니라"(계 2:17)라는 말씀을 제멋대로 해석하여 성부 시대에는 하나님의 이름이 여호와였고, 성자 시대에는 하나님의 새 이름이 예수 그리스도였고, 성령 시대에는 하나님의 새 이름이 안상홍이라고 주장한다. 신천지 역시 초림 때에는 예수가 하나님의 새 이름으로 오신 분이고, 재림 때에는 이긴 자(이만희 총회장)가 하나님의 새 이름으로 오신 분이라고 주장한다. '새 주님' 김성도는 그 후 등장하는 50여 명에 달하는 재림 예수의 효시가 되었고, 새주파가 세운 '성주교'는 그 후 한국에 등장하게 된 모든 이단 기독교 집단의 원조가 된 것이다. 전도관의 박태선은 자기 자신이 '동방의 의인'이라고 주장하였다. 그의 주장에 대한 근거는 이렇게 정리할 수 있다. 이사야 41장 25절에서 "해 돋는 곳에서 오게 하였나니"라고 했으니, 여기에서 해 돋는 곳은 동방을 의미한다. 동방은 극동 지역을 가리키므로 중국, 일본, 한국 세 나라가 포함되지만, 이사야 41장 1절에서 "섬들아 내 앞에 잠잠하라"라고 했으니 섬나라 일본은 아니다. 또 이사야 41장 9절에서 "내가... 땅 모퉁이에서부터 너를 부르고"라고 했으니 대륙의 중심인 중국이 아니라 그 모퉁이인 한국이라는 것이다. 그리고 이사야 41장 25절에서 "북방에서 오게 하며"라고 언급했으니 북한에서 월남한 박태선이 바로 북방에서 온 '동방의 의인'이라고 해석한 것이다. 통일교 역시 동방 나라는 한·중·일 삼국인데, 일본은 천황(아마데라스오오미가미)을 숭배해온 나라이고 중국은 공산화되었기 때문에 "이 두 나라는 모두 '사탄'편 국가"이므로 "예수님이 재림하실 동방의 나라는 바로 대한민국"이라고 한다. 이러한 주장은 용문산의 나운몽도 그대로 수용하였다. 나운몽은 한 걸음 더 나아가서 단군신화와 시내산 사건의 유사성을 주장하고 우리 민족의 단군은 바벨탑 붕괴 후 동쪽으로 이동하여 정착한 아브라함 혈통의 단 지파의 후예라고 주장하였다. 이러한 이단적 교리를 계승한 신천지의 이만희는 1984년 3월 14일 자신을 따르는 세력을 규합해 '신천지 예수교 증거 장막성전'을 설립하고 청계산 아래 과천을 에덴동산이라 주장하면서 이곳에 14만 4,000명의 알곡 신자가 차면 새 하늘과 새 땅, 즉 신천지가 완성된다고 주장한다.

또 김성도는 1923년 입신중에 예수와 나눈 대화 속에서 '죄의 뿌리가 음란'이라 들었다고 한다. "죄의 뿌리는 선악과라는 과일을 따 먹은 것에서부터 온 것이 아니라 남녀관계가 원인이 되어 나타났다. 즉 음란이 타락의 동기가 되었다."라는 것이다. 김성도가 계시를 받아 주장한 원죄의 성적 타락론을 교리적 체계로 발전시키기 위해 한때 조선신학교에서 신학을 공부한 적이 있는 김백문은 『기독교원리강론』에서 창조원리, 타락원리, 복귀원리를 말하였다. 이 책은 '성적 타락론'을 방대한 체계로 제시하여 후대의 모든 성적 타락론 교리 체계의 원조가 되었다. 우리말의 '유혹하다. 따먹다'라는 말은 성적인 뉘앙스를 지닌다. 그리하여 뱀이 하와를 유혹하여 선악과를 따 먹는 원죄를 뱀과 하와의 성관계로 해석하고, 이 타락의 결과 인류에게 사탄의 피가 흐르게 되었다는 원죄 혈통유전설이 힘을 얻게 되었으며, 이에 따라 사탄의 피를 거룩한 피로 바꾸는 '피가름'을 구원으로 주장하게 된 것이다. 김성도의 원죄 음란론과 혈통적 타락론은 교리적으로는 김백문의 『기독교 근본원리』뿐 아니라 정득은의 『생의 원리』, 통일교의 『축복결혼』에 나타난 3일행사와 혈통전환 의식, 『평화훈경』에서 주장하는 교차·교체 축복결혼과 생식기 교리, 전도관의 『오묘』, 변찬린의 『성경원리』, 정명석의 『비유』의 애인 교리, 박윤식의 '씨앗속임' 교리, 그리고 박명호의 창기십자가 교리로 이어지고 있다.[92]

---

92) 허호익. 한국의 이단 기독교의 교리적 계보. 기독교사상 706. 2017.

나. 이용도 목사와 신비주의 계열 이단과의 관련성

(1) 김흥수 교수의 견해

김흥수 교수에 따르면 이용도 목사가 원산 신비주의 이단들과 관계를 맺은 것은 사실이지만 그러나 이용도가 이단의 주창자는 아닌 듯하고, 신비주의자들에게 미혹된 것으로 본다.

한국교회의 신비주의 계열의 이단적 신앙운동은 1920년대 후반에 등장해 이북 지역에서 활동한 여신도 유명화, 김성도 그리고 이들의 신앙을 남한교회에 전파한 김백문 등과 밀접히 관련되어 있다. 1927년경부터 원산의 감리교회 교인으로 유명화라는 여신도가 있었는데, 그는 자기에게 예수가 친림했다고 말했으며, 그녀를 에워싼 그룹이 형성되는데, 1930년경 평양신학교 졸업생 백남주가 여기에 가담하고 감리교 목사 이호빈, 이용도 등도 원산파의 일원이 되었다. 이용도 외에도 원산파 가담자들은 곧 감리교회와 장로교회에서 활동 기반을 상실하고 말았다. 이들의 종교체험은 이단사상의 기반이 되는 거짓계시라는데 문제가 있었다. 1931년 황해노회가 이용도에게 금족령을 내린 것을 필두로 1932년에는 평양노회가 한준명, 이용도, 백남주, 황국주, 김경삼 등을 조사 치리할 것을 결의했다. 결국 이용도는 1933년 4월부터는 원산 신비주의 집단에서 도피처를 찾았으며 이 집단은 6월 예수교회를 창립하고 이용도 목사를 대표로 선임했다. 예수교회가 창립될 무렵 교회는 평양과 안주 원산 등에 10여개가 있었으며 교인 수는 1000여명 정도 되었던 것 같다. 1933년 9월 장로교 총회는 "각 노회 지경 내 이단으로 간주될 수 있는 단체"(이용도, 백남주, 한준명, 이호빈, 황국주)에 미혹되지 말 것을 가결함으로서 이용도와 예수교회를 이단으로 단죄하였다. 이처럼 이용도는 장로교회로부터 이단으로 몰렸지만, 후대의 연구자들은 이용도가 이단의 주창자는 아닌 듯하며, 비상식적이고 비성경적인 원산 예언자들에게 미혹된 것 같다고 보고 있다.[93]

(2) 안수강 박사의 견해

안수강 박사도 김흥수 교수와 유사한 결론을 내리고 있다. 유명화, 백남주 등 원산 신비주의자들이 명백히 진리에서 벗어난 이단인 것을 논변하며, 이용도 목사가 그들과 깊은 교섭을 가진 것도 확인해주고 있다.

원산 스웨덴보르기아니즘 신비주의 운동은 1927년경 원산에서 예수 친림과 입류를 가장하여 자칭 '고등기계'(高等機械)이자 접신파(接神派) 합일 선지자로 행세한 유명화라는 여성으로부터 기원했다. 백남주, 한준명, 이호빈 등은 1930년대 들어서면서 유명화를 정점으로 원산 신비주의자들과 교분을 나누었으며 모두 스웨덴보르그(Emanuel Swedenborg)의 신비주의에 심취했다. 이호빈은 친분이 두터웠던 이용도에게 유명화를 주께서 친림(親臨)하신 선지자이며 스웨덴보르그를 능가하는 인물이라고 소개하면서 조선의 광영이라고 자부했다. 이를 계기로 이용도 역시 유명화를 비롯한 백남주, 한준명 등 원산 신비주의 인사들과 친밀한 관계를 형성했으며 이용도와 원산 신비주의계가 깊이 교섭하는 계기가 되었다. 백남주는 이들 원산 신비주의자들 가운데 사상적 체계를 학적으로 확립하여 신학생들을 양성한 대변적인 교역자였다. 그는 1933년 6월 이용

---

93) 김흥수. 한국교회사의 이단 문제. 신학과 현장 14.- (2004): 50.

도, 이종현과 더불어 '예수교회' 설립 공동 발기인으로서 중책을 맡은 인물이기도 했다. 전택부에 의하면 그는 헬라어와 히브리어를 익혔고 요한복음을 연구했으며 원산 소재 마르다 윌손 여자신학원(Martha Wilson Memorial Women's Theological Training School) 교수로 재직하면서 수도원식 신학산기도소를 운영했다. '예수교회'가 설립되기 한 해 전인 1932년 가을, 백남주는 원산 신비주의 그룹의 신앙노선과 정체성을 확립하기 위해 스웨덴보르그의 신학사상에 입각하여 집필한 저서 『새 生命의 길』이라는 작은 책자를 발행했다. 결국 이러한 일련의 과정을 거쳐 차츰 스웨덴보르기아니즘이 평양에까지 침투해 들어가면서 보수진영인 서북지역 장로교계에 파문을 일으켰다. 이로 인해 장로교 측의 제재조치가 점차 심화되었고 1933년 3월에는 감리교 중부연회 측에서도 이용도의 목사직 휴직 처분을 결정했다. 마침내 이용도, 백남주, 이종현 등은 기성교회에서 이탈하여 1933년 6월 3일에 3인 공동 발기인의 자격으로 '예수교회'창립을 선언했다.[94]

김인서는 백남주의 『새 생명의 길』에 기술된 이단성을 "용도교회 내막조사발표(2)"라는 제목으로 1934년 4월호 「신앙생활」에 발표했다. 그는 이 책자에 나타난 이단성을 '이단6조'로 명명하고 다음 여섯 가지 항목으로 분류하여 정리했다. 김인서가 논박한 이 여섯 가지 항목은 내용상 스웨덴보르그의 사상을 답습한 것들이었다. "1.성경권위 부인, 2.삼위일신 부인, 3.예수의 재림과 신자의 부활 부인, 4.천계에 대한 이설, 5.예수의 가현설, 6.원죄와 속죄 공로 부인. 이 여섯 가지 항목을 통해 백남주는 직접계시론, 바울서신 무용론과 오류론, 일위삼명설(양태론), 성부수난설, 입류와 재림과의 동일시, 가현설, 원죄 및 그리스도의 대속 부인 등을 주장했다". 박형룡 역시 비슷한 시기에 스웨덴보르기아니즘의 이단성을 규명하기 위해 "스웨덴붉과 신예루살렘교회"라는 제하에 「신학지

94) 안수강. 1930년 전후 한국교회 신비주의 고찰. 한국기독교신학논총 107. (2018): 120-121.

남」1934년 3월, 4월, 5월호에 이 학설을 세 차례에 걸쳐 연재했다. 박형룡이 분석한 주요 논점들은 천사의 직접 교훈, 이신득의 부인, 삼위일체론 부인, 원죄 부인, 십자가의 대속 부인, 정경의 축소, 부활 부인 등으로 편성되어 있다.[95]

(3) 양현표 교수의 견해

양현표 교수는 이용도 목사에 대해 긍정적 평가를 내리고 있다. 1930년대 침체된 한국교회의 신앙을 각성시켰고, 비록 신비주의적이었지만 한국교회에 열심있는 기도의 전통을 만들어낸 공로가 크다고 평가한다. 단지 신학적 훈련이 부족하여 부흥을 뒷받침할 만한 신학이 없었다는 것 그리하여 개인의 신비적 체험을 성경보다 더 우위에 두는 실책을 범하였으며 이러한 결과로 유명화 등 신비주의자들을 용납하게 된 실수를 한 것으로 분석하고 있다.

"이용도는 1901년에 출생하여 1933년에 세상을 떠난, 이 땅에서 불과 33년의 짧은 삶을 살다가 사라진 감리교회 목사이었다. 짧은 생애 중에서도 부흥사로서의 그의 절정기는 1931년에서 32년까지의 불과 두 해에 불과하다. 그럼에도 불구하고 그는 당시 한국 교회 전체를 뒤흔들었으며, 그의 영향은 오늘에까지 이르고 있다....이용도에 대한 견해와 평가는 다양하다.

---

95) 안수강. 1930년 전후 한국교회 신비주의 고찰. 한국기독교신학논총 107. (2018): 124-125.

이용도가 한국 교회에 끼친 공로는 크게 두 가지이다.

첫째는, 이용도가 당시 한국 교회의 신앙을 각성시켰다는 것이다. 1930년대 한국 교회는 외적인 도전과 내적인 갈등 속에서 허덕이고 있었다....교회는 경직되었고, 교리주의로 점점 굳어가고 있었다. 이러한 시점에서 이용도의 부흥운동은 전국적으로 확산되었다. 그의 부흥운동은 당시 침체된 한국 교회들에게 신앙적 활력을 주는 각성제가 되었던 것이다. 그의 열정적인 부흥운동으로 대중은 생기를 되찾고 또 무엇이든지 할 수 있을 것 같은 용기와 신념을 소유하게 되었다...

둘째로, 그가 일으킨 기도 운동이다. 비록 신비주의적이었음에도 불구하고 그의 기도운동은 한국 교회에 새로운 전통을 만들었음이 분명하다. 그는 확실히 기도의 사람이었고 신앙의 기틀을 잡지 못한 대중들에게 기도를 가르쳐 준 사람이다. 그는 전국적으로 기도 운동을 확산시켰다. 한국 교회가 기도가 없어 메말라 간다는 것을 갈파한 그는 부흥집회를 인도하는 곳마다 기도의 붐을 일으켜, 침체되어 있고 잠자고 있는 한국 교회를 깨워 놓은 것이다.

이용도의 가장 큰 약점은 그에게 신학적 훈련이 부족했다는 것이다. 그에게는 강렬한 부흥운동을 뒷받침할만한 신학이 없었다. 이는 이용도뿐만 아니라 모든 신비주의자들의 약점이라 여겨진다. 그의 신학의 부재는 그로 하여금 감성적인 체험과 신비를 절대적 기준인 성경보다 더 우위에 두는 오류를 범하게 했다. 그에게는 나타난 현상을 신학을 통해 분별할 수 있는 능력이 없었던 것이다. 그의 신학 부재는 결국 한준명을 용납하고, 유명화라는 여인을 경배하게 된 직접적인 이유가 되었다. 그의 신학훈련의 부족은 그 자신의 불행한 말년을 자초한 원인이었으며, 그의 부흥운동이 단시간의 붐으로 끝나게 했던 결정적 이유였다."[96]

"내가 네 사업과 사랑과 믿음과 섬김과 인내를 아노니 네 나중 행위가 처음 것보다 많도다 그러나 네게 책망할 일이 있노라 자칭 선지자라 하는 여자 이세벨을 네가 용납함이니 그가 내 종들을 가르쳐 꾀어 행음하게 하고 우상의 제물을 먹게 하는도다 또 내가 그에게 회개할 기회를 주었으되 자기의 음행을 회개하고자 하지 아니하는도다 볼지어다 내가 그를 침상에 던질 터이요 또 그와 더불어 간음하는 자들도 만일 그의 행위를 회개하지 아니하면 큰 환난 가운데에 던지고 또 내가 사망으로 그의 자녀를 죽이리니 모든 교회가 나는 사람의 뜻과 마음을 살피는 자인 줄 알지라 내가 너희 각 사람의 행위대로 갚아 주리라"(요한계시록 2:19-23).

---

96) 양현표. 이용도 목사의 신학과 그의 부흥회. 신학지남 83. no. 3 (2016)

4. 사회주의

세속주의로 인한 교회의 부패와 인위적인 방법을 동원한 교회의 성장 및 조직화 같은 인본주의, 국가에의 의존도 증가와 같은 1920~30년대 한국 교회의 타락과 죄악들은 사탄에게 틈을 내주는 것이었다. 1920년대에 교회는 사회주의 사상에 문을 열어주었다. 물론 공식적으로 한국교회가 사회주의 사상을 수용한 것은 아니었다.

"전국에 있는 토지의 20퍼센트가 일본인의 소유가 되었으며, 어떤 비옥한 토지가 있는 지역은 그 지역 토지의 50퍼센트이상이 일본인의 소유가 되었다. 1925년 잡지 '청년' 10월호에 실린 기사에 의하면 전 농촌인구의 76.85퍼센트가 소작농이었다(자작을 겸한 농가도 포함). 그런데 소작농가는 그 수확의 반 이상을 지주에게 바쳐야 했으며, 이에 세금, 비료값들을 다 제하고 나면 수확한 것의 3분의 1만을 차지하게 되는 형편이었다. 그러니 농촌 수탈에 의한 농촌경제의 빈곤은 형언하기 어려웠다. 1925년 북장로교 한 선교사는 그 보고서에서 한국백성의 "반 기아상태"를 언급했을 정도였다. 농촌이 이런 빈곤에 신음할 때, 산업화의 물결이 일어났다. 사람들은 수입은 없지만 현대적 공장이 생산해 내는 상품에 대한 매력을 느끼게 되고, "지계수입에 포드욕망"을 갖게 되는 기현상이 나타나게 되었다. 이런 때에 일제는 아편을 공급 판매하고, 유곽(매춘업소)을 확산시키며, 술담배의 소비를 촉진시키는 등으로 도덕적 몰락을 통한 한국민족의 말살을 도모해 왔다. 나아가 지주는 더 부자가 되고, 소작인은 더 가난하게 되므로 빈부의 격차는 심해져가기만 했다. 사회주의가 빠르게 성장할 수 있는 비옥한 토양을 이 땅에서 발견하게 된 것이다. 거기에다 총독 사이토의 소위 문화정치는 사회주의 사상의 유입을 쉽게 만들어 주었다. 만주 시베리아 등지로 이민한 한인들의 왕래와 일부 유학생들을 통해서도 쉽게 사회주의 사상이 국내로 들어오게 되었다. 이제 교회는 심각한 이데올로기의 도전에 직면하게 되었다. 이때 한국교회는 이 이데올로기에 대한 바른 이해가 부족하여 밀려오는 사회주의 운동을 바르게 대처하지 못했다. 그 근본이 유물론, 무신론에 뿌리를 둔 반종교, 반기독교 운동이지만 빈부의 격차와 계급타파라는 강력한 표어를 내세울 뿐 아니라, 제국 식민주의와 자본주의를 비판하고 나서는 이들의 강력한 저항운동은 기독교회 내에 이해의 혼란을 가져오게 되었다."[97]

사회주의는 당시 피폐했던 식민지의 사회 경제적 상황이 토양이 되었고, 3.1운동의 실패 이후 무기력해져 있던 민족운동세력의 강력한 대안으로 국내에 소개되면서 민족주의적인 지식층의 한국인들에게 새로운 희망으로 다가오고 있었다. 당시 일제 통치하의 한국의 어려웠던 사회경제적 상황은 지식층 젊은이들의 관심을 사회주의로 향하게 만들고도 남음이 있었다. 여기에는 기독교인들도 예외가 아니었던 것이다. 한국교회의 사회주의에 대한 무지도 한몫하였다.

1920년대 국내 좌익세력은 급속도로 성장하였다. 사회주의 성향을 띤 많은 단체와 노동조합, 청년회, 여성단체들이 출현했다가 시들어 없어지곤 하는 과정에서 사회주의는 지식 청년 사회에 널리 보급되어 드디어 공산당의 창당을 보게 되었다. 1925년 4월에 '조선공산당'과 '고려공산청년회'가 결성되었다. 공산당원들은 반일 구호를 외치고 노동조합을 통하여 실제로 자주 파업을 일으켰기 때문에 젊은이들은 공산당에 매력을 느꼈다.[98]

---

97) 허순길. 한국장로교회사. 서울: 영문, 2008. 186-188.
98) 김영재. 한국 교회사. 경기도: 합신대학원, 2019. 221.

사회주의가 표방하는 계급모순의 실천적 해결방안은 빈부격차 등 사회모순에 눈을 뜬 그리고 교회내부의 불의와 부패에도 불만을 품고 있던 기독청년들에게도 현실적이고 매력적으로 보였을 것이다. 교회 장로와 안수집사의 아들들이 사회주의자가 되었다고 당시 기독교 언론들은 경악하는 논조로 이 사실들을 보도하고 있다. 당시 반기독교 인사들의 거개가 사회주의자들이었고 그들의 대다수가 기독교인 출신들로 교회의 부정과 불의에 환멸을 느낀 기독교 가정의 청년들이었다.

일제치하 기독교인들이 교회를 떠나 사회주의에 경도되었던 원인은 첫째 교회의 부패로 인한 실망감과 그로 인한 신앙의 회의, 둘째 경제문제의 해결에 사회주의가 현실적 대안이 될 수 있다는 기대감, 셋째 논리적이고 합리적이며 과학적인 신사조에 대한 매력, 넷째 민족독립운동에 있어서 사회주의의 능력이 더 강력할 것이라는 믿음 등이었다.

기독교인이었던 이동휘, 여운형 등의 민족운동가들은 일찌감치 교회를 버리고 사회주의 진영에 가담했다. 사회주의자가 된 청년들 중 일부는 신학교에 들어갔다. 평양신학교 1939년 졸업생 최문식, 이재복이 그들이다. 최문식 목사는 남로당원으로서 1946년 10월1일 벌어졌던 대구폭동을 기획하고 주동하였다. 대구폭동은 남로당에 의하여 대구 일원의 경찰관만 80여명이 넘게 살해당한 끔찍한 유혈 참극이었다. 이재복도 목사였지만 남로당 군사부 총책이라는 고위급 공산주의자가 되었다. 해방후 남한지역에서 일어났던 굵직한 폭동사건의 배후에는 반드시 이재복이 있었다. 이재복 목사는 박정희 전대통령의 친형인 박상희와 절친이었고, 박정희를 남로당에 가입시켰던 것도 바로 이재복이었다. 3.1운동 당시 민족대표 33인 중의 한 사람이었던 감리교의 김창준 목사도 해방 후 월북하여 북한의 최고인민회의 부의장까지 지낸 골수 공산주의자였다. 이외에도 많은 기독교 목사들이 사회주의자였고 또한 사회주의자가 되었다.

1920년대 사회주의자들은 조직력과 동원력이 강한 기독교를 이용하려 한 것과 동시에 때로는 암암리에 때로는 공개적으로 기독교와 교회를 끊임없이 공격하였다. 기독교는 사회주의 이론상 무산계급의 원수이고, 제국주의의 주구이며, 인민의 아편이기 때문이었다. 1927년에 원산에서 부흥회를 인도하던 길선주 목사는 부흥회 현장에서 공산주의자 30여명의 습격을 받기도 하였다.

"1920년대부터 30년대로 넘어가는 고비의 시기에 사회에서는 젊은이들이 사회주의에 만연되었고, 민족주의가 대중 속에서 고개를 치켜들어 사상적으로 매우 혼란한 시기였다. 이러한 때, 1927년 가을 길선주 목사는 원산 석우동교회에서 집회를 인도하고 있었다. 부흥회가 열린지 둘째날 저녁이었다. 교회당은 초만원을 이루었고 은혜를 사모하는 청중들은 설교에 귀를 기울여 장내는 숙연한 분위기로 충만하였다. 그런데 난데없이 전기가 꺼지고 교회 안이 소란해지더니 강단위에 괴한들이 뛰어올라 난장판이 되었다. 30여명 무리들은 길선주 목사를 깔고 앉아 협박을 가하였다. 이것은 길 목사의 말세론 강의에 불만을 품은 공산당 일당의 폭행이었다. 이 난당의 우두머리는 '김애신'이라는 여인의 남편이었다. 그는 얼마후 자파들 사이에 일어난 내분으로 암살당하였다. 김애신은 이러한 불상사로 인한 마음의 아픔을 달래기 위해 교회에 발을 들여놓게 되었다. 회개한 그녀는 독실한 믿음을 얻어 일본으로 건너가 요꼬하마 여자신학교를 졸업하고 본 교회로 돌아와 일생을 권사로 봉직하면서 원산 마르다 신학교에서도 강의하였다. 사랑을 전한 기독교가 승리하여 복음의 개가를 올린 미담이라 하겠다.[99]

1930년대 들어서 사회주의자들은 교회에 대해 공개적으로 적대적인 스탠스를 견지하였다. 국내에서는 일제의 치안력이 강하였으므로 교회에 대한 물리적 테러를 심하게 가하지는 못하였으나, 치안이 불안정했던 만주지역에서는 이미 1920년대부터 공산주의자들에 의해 교회에 대한 공공연한 습격과 기독교인들에 대한 테러와 학살극이 무수히 발생하여오고 있었다.

다음은 1995년도 '교회와 신학'에 게재된 김인수 박사의 '한국교회와 사회주의 및 공산주의와의 관계_1920~30년대의 공산주의 교회 박해를 중심으로'의 내용 중 일부를 전재하여 당시 만주에서의 공산주의자들에 의한 잔혹한 기독교 박해의 모습을 살펴보고자 한다.

새 삶을 찾아 시베리아까지 이민간 동족을 사상이 다르다는 이유로 살해하는 엄청난 일이 자행되고 있었다. 만주에서도 공산당들에게 교회와 지도자들이 많은 박해를 당하였는데 기록에 남아있는 공산당에 의한 최초의 기독교 박해는 1925년 동아기독교회(침례교회)가 당한 것이다. 이 교회가 중국 길림성에 선교사로 파송하였던 윤학영, 김이주 등 네 사람이 1925년 9월에 공산당들에 의해 일본의 밀정이라는 터무니없는 죄목으로 악형을 당하여 이국 땅에서 동족들에 의해 죽임을 당함으로써 공산당들에 의해 순교하는 최초의 기록을 남기게 되었다. 이것은 실로 무서운 비극의 서막이었다.

이 첫 번째 희생에 이은 두 번째 희생도 동아기독교회 김영진 목사와 김영국 장로 형제의 수난이었다. 이들은 함

---

99) 김광수. 목회자 길선주에 관한 사적연구. 신학정론 4. no. 2 (1986): 321.

경북도 종성 사람들로서 간도 연길현에 있는 종성동에서 목회하고 있었다... 1932년 10월 약 30여명의 공산당들이 밤에 이 동리를 습격하였다. 이들은 동민들과 교인들을 예배당에 몰아 놓고 공산주의를 따르면 살려주고 예수를 따르면 죽이겠다고 협박하였다. 아무도 대답지 않자, 공산당들은 김목사 형제에게 왜 대답지 않느냐고 다그쳤다. 그때 김목사 형제는 "나는 예수 믿습니다."라고 대답하자 "잔인하고 무도한 악형으로 이들을 탈피(가죽을 벗김)하여 죽이는 참혹한 일을 자행하였다. 당시의 형편을 그 곳에 있던 장로교회의 사창희 목사가 "기독신보"에 다음과 같은 편지를 보내 보고하였다.

"동만(東滿) 각지에 산재한 동포들이 매일같이 무참히 살상과 피해 당함을 ... 애매히 남모르게 피흘리고 동분서주하는 고생과 한숨의 눈물을 하나님 외에 누구 알리오. 그런 중에도 본 교회(동만교회) 안에 있는 각 교회에서 교인의 살상 피해가 너무도 극한고로, 참다 못하야 할 수 있는 한도 내에서 대강 아는 대로 기재하나이다."

서 목사의 편지에 따르면 연길현 와룡동 예배당이 공산당들의 방화로 소실되어 교인들이 뿔뿔이 헤어졌으며, 적암동 교회의 영수 노진성은 공비들에 의해 피살되었고, 교인들은 모두 피난을 갔으며 로터거우 교회는 두 번씩이나 공비들의 습격을 받아 재정적 피해가 수천원에 이르렀다고 하면서, "이 동만 노회를 위하여 기도해 주소서"라고 그의 편지를 끝맺고 있었다.

"북만교회는 순교의 피로 쌓은 교회다. 우리는 북만의 순교자라면 한창희 목사만을 알되, 목사 이외에도 순교한 신자의 이름은 다 헤아릴 수 없이 많다. 잔악을 극한 공산당에게 몽치에 맞아 죽은 순교자, 정수리에 못이 박혀 죽은 순교자, 머리 가죽을 벗겨 죽은 순교자, 말 못할 학살을 당한 여 순교자, 기십 기백에 달하였다 한다.... 죽임을 당하지 아니하여서도 김현찬 목사와 같이 공산당에게 살을 찢겨 벗긴 핍박을 당한 자도 있다 한다..."(김인서, 북만주교회에 나타난 하나님의섭리, 신앙생활(1936.4) : 3면) 100)

이렇듯 사회주의자들은 기독교를 적으로 규정하고 사상적으로 공격하였고, 여건만 조성이 되면 물리적인 공격도 주저없이 행하여 파멸시키려 하였다. 그러나 영적인 지혜가 어두워진 한국교회는 사회주의의 실체를 올바로 인식하지 못하고 거개가 수용적이고 타협적인 자세를 취하고 있었다. 사회주의의 실체를 바로 이해하고 대응한 것은 박형룡 등 소수에 불과했다.

한신대학교 신학사상연구소의 최영근은 당시 기독교계의 사회주의에 대한 인식과 대응의 유형을 다음과 같이 구분한다. "이동휘와 같이 기독교에서 사회주의로 전향한 인물, 최문식과 김창준과 같이 기독교를 사회주의 관점으로 이해하고 실천하려 했던 인물, 이대위와 유재기와 같이 기독교 사회주의의 차원에서 사회주의의 기독교적 대안을 모색한 인물, 신흥우와 같이 사회주의의 비판을 수용하면서 사회복음주의의 영향 아래 기독교의 사회적 실천과 사회 개조를 추구한 인물, 배민수와 같이 사회주의에 대하여 비판적 입장을 취하면서도 복음의 정신을 사회적으로 실현하려 했던 인물, 박형룡과 같이 기독교 정통주의 입장에서 사회주의를 신학적으로 논박했던 인물들로 구별이 가능할 것이다."101)

---

100) 김인수. 한국교회와 사회주의 및 공산주의와의 관계. 教會와 神學 27.- (1995): 69-93. 1920~30년대의 공산주의 교회 박해를 중심으로. 82-87.
101) 최영근. 1920년대 일제강점기 한국사회에서 사회주의와 기독교 관계에 관한 연구. 신학사상 0.181 (2018): 304.

이와 같이 영적으로 잠들어 있던 당시 한국 교회는 사회주의에 대하여서도 사실상 무장해제 상태였다.

5. 자유주의신학

기성 교회 중직자들의 부패는 그들의 보수적 신앙노선에 대해서까지 청년들의 회의와 비판을 불러들였다. 이는 공평과 정의를 강조하는 자유주의라는 신신학에 교회의 젊은이들과 신진 신학도들이 경도되는 현상을 가져왔다. 보수신학 자체가 잘못된 것이라는 오해도 생겨났다. 일본을 통하여 들어오는 신학문의 물결속에 밀려 들어온 서구의 과학주의, 합리주의 그리고 인본주의적 철학사상들도 보수 신학을 공격하는데 큰 몫을 담당했다.

거기에 감리교는 장로교회와 달리 본래부터 자유주의 신학사조에 문을 열어놓은 개방적 신학사고를 하고 있었다.

"선교가 시작된 이래 1930년 중엽까지 한국 장로교회 안에는 보수적인 신학사상이 지배적이었으나 감리교는 개방적이었다. 한국의 북감리교회와 남감리교회는 1930년에 합동하여 감리교 총회를 결성하고 새 신조를 채택하였다. 아주 예외적으로 짧은 감리교 신조는 여러 면으로 보아 자유주의 신학적 견해를 내포하고 있음을 알 수 있다. 즉, 하나님의 내재를 초월보다 강조하고 인본주의적인 윤리에 더 많은 관심을 표명하며, 지상에 이상사회 건설의 실현에 대한 신앙을 분명하게 표현하고 있다. 그런가 하면 하나님의 거룩하심이라든지 의로우심과 심판에 관해서는 언급하지 않고, 예수의 탄생은 물론 그의 고난과 죽음, 부활과 재림에 관해서도 아무 말이 없다. 한국 감리교 목사의 대다수가 보수적이며 근본주의 신앙의 소유자였음에도 불구하고 이러한 신앙고백이 다수의 찬동을 얻어 신조로 채택된 사실을 두고 토착화의 한 승리적 과정이라고도 평가한다. 그러나 신학의 부재에 대한 그런 식의 평가는 잘못된 것이다. 그것은 오히려 대부분의 목사들의 신학적인 미숙함이나 무관심 때문이었다고 해야한다. 감리교회는 장로교회와 달리 교리적인 문제에 별로 관심을 두지 않았다. 많은 한국인 목사들은 교리없는 기독교를 지향하는 경건주의적이며 부흥주의적인 신앙을 가졌으며 교리와 실제적인 신앙과 조화를 이루는 성숙한 신학적인 안목을 갖지 못했다. 감리교회에서는 자유주의 신학교육을 받은 이들이 더 영향력을 가지고 주도적인 역할을 했으나 일반 목사들의 반대에 부딪히는 일도 없었다. 한국교회에서 자유주의 신학의 선구자라는 정경옥은 아무 주저없이 자유주의 신학적인 사상을 펼 수 있었다."102)

"자유주의 신학을 공개적으로 소개한 선교사는 캐나나 장로교 선교사 서고도(William Scott)였다. 그는 1926년 봄 함흥에 개강된 성경학교 보습과 학생(주로 유급전도사들)들에게 성경에는 역사적, 과학적인 오류가 있다고 가르치므로 문제를 야기한 일이 있었다. 자유주의 신학은 1930년대에 들어서면서 일본 캐나다 미국 등의 자유주의 신학교에서 수학하고 돌아오는 분들에 의해 차츰 한국에 뿌리를 내리게 되고, 그 모습을 대담하게 드러내게 된다. 1920년대에 외국으로 유학한 분들이 많았다. 그 가운데 가장 가까운 일본으로 가는 유학생이 제일 많았다. 일본은 한국과는 달리 일찍부터 자유주의 신학이 지배해왔다. 1920년대 이후 약30년 동안 일본의 신학은 다른 세계와는 달리 바르트(Karl Barth, 1886-1968) 신학이 완전한 지배를 하고 있었다. 바르트가 금세기의 으뜸가는 신학자 중 한 사람으로 간주되는 미국의 상황과는 달리 일본에서는 바르트가 오직 유일한 신학자로 여겨졌다....(중략)...1920년대에 일본에 유학을 갔던 분들이 1930년대에 돌아와 교회안에 활동을 하게 되었다. 이들이 영향이 도시 지역 교회에 파급되었다. 이제 신학은 선교사들만의 것이 아니었다. 한국인 목사들이 자기들이 수학한 신학을 가지고 등장하게 된 것이다....당시 나타난 자유주의의 대표적 인물은 송창근과 김재준이었다."103)

---

102) 김영재. 한국 교회사. 경기도: 합신대학원. 2019. 233-234.

이렇게 서고도 등의 외국선교사들과 미국과 일본에 유학하고 돌아온 신학자들을 통하여, 한국교회를 대표하는 장로교회와 감리교회에 전통적인 신학을 부정하는 자유주의 신학(19세기 중반부터 20세기 초반까지 유행하던 좁은 의미의 '자유주의신학'이 아닌, 말 그대로 자유로운 신학을 말한다. 여기에는 좁은 의미의 '자유주의신학'뿐만 아니라 칼 바르트의 '바르트주의' 등까지 포함한다)이 도입되었고, 1920~30년대를 지나면서 한국교회에 점차 널리 확산되기에 이르렀다.

"적극신앙단 운동은 자유주의 신학이 유입되면서 생긴 자유주의 사상운동이었다. YMCA의 총무로 있던 신흥우는 1932년 6월 초교파적인 적극신앙단을 조직하였다. 서울을 중심으로 한 감리교회와 장로교회의 일부 목사들과 장로들이 함께 결성한 단체로서, 이들은 서양선교사들의 영향으로 축자영감설을 믿는 서북 지방의 보수적인 신앙인들에게 반발하는 한편 마포삼열, 이길함, 허대전과 같은 보수적인 선교사들과 이들의 지도하에 있던 서북 지방의 장로교회에 대항하기 위하여 중부 이남의 교회들을 중심으로 토착적인 교회를 수립하기로 하였다. 감리교회 측 이외에 이에 참가한 장로교회 측 인사는 함태영, 최석주, 박용희, 권영식, 전필순, 그리고 승동교회 장로 홍병덕 등인에, 그들은 1950년대 초반에 분립한 한국기독교장로회의 핵심인물들이었다.... 적극신앙단으로 말미암아 서울 시내에 있던 교역자들은 크게 두 갈래로 나뉘었다. 신학적으로는 자유와 보수로, 지역적으로는 서북계와 비서북계로 이분되었으며, 경성노회가 조직되어 총회와 대립하게 되었다."104)

103) 허순길. 한국장로교회사. 서울: 영문, 2008. 228-229.
104) 김영재. 한국 교회사. 경기도: 합신대학원, 2019. 237-238.

다음은 당시 자유주의신학과 관련하여 장로교회에서 큰 논란이 되었던 '아빙돈 단권성경주석' 사건이다. 김창중의 '한국장로교회의 성경관 논쟁'에서 해당 내용의 일부를 전재하였다.

"아빙돈 단권 주석 사건은 1934년에 출판된 『단권 성경주석』의 내용과 번역자로 인해 장로교회 안에서 일어난 파문을 말한다. 이 책은 미국 아빙돈 출판사에서 발행한 성경 주해서를 번역하였기 때문에 '아빙돈 성경 주석 사건'으로 불리었다. 1934년에 감리교의 젊은 신학자들이 주축이 되어 진행된 단권 성경 주석 집필에는 감리교와 장로교의 53명의 목사들이 참여하여 번역작업을 분담하여 업무를 주관 하였다. 당시 감리교회의 유형기가 전체 편집 책임을 맡고 감리교의 양주삼, 정경옥, 김창준, 전영택, 변홍규 등이 주축을 이루고 장로교의 송창근, 채필근, 한경직, 김재준, 김관식, 조희염, 윤인구 등 장로교 목사 7명이 이 일에 동참함으로써 장로교 내에서 문제가 되었다. 이 주석은 비평적인 방법론을 성경에 적용하여 성경의 역사적 사실들을 부인하고, 초자연적인 사건들을 인정하지 않고, 자의적으로 성경을 해석하였다. 그리고 성경을 파괴적 고등비평의 원리에 의하여 해석하고 계시의 역사를 종교 진화론의 선입견을 가지고 연구하였다. 그러므로 그들은 성경의 전통적 저자와 연대를 부인하며 성경의 신관에 의문을 제기하고 성경 계시가 인생의 경험에서 온 것으로 설명하였다."[105]

후일에 박형룡은 1964년 신학지남에 발표한 글을 통해 아빙돈 단권 주석에 대해 이렇게 비판했다.

"그때에 감리교 유명한 목사의 편수로 출판된 단권성경주석인아빙돈 성경주석을 국내 여러 인사들에게 분담시켜

---

105) 김창중. 한국장로교회의 성경관 논쟁. 국내박사학위논문 총신대학교 일반대학원. 2017. 서울. 111

번역한 것으로서 모든 자유주의 신학사상의 집대성이라 할만하다. 본서는 성경을 파괴적 고등비평의 원리에 의하여 해석하였으며 계시의 역사를 종교진화론의 선입견을 가지고 고찰하였다. 그러므로 성경 제권의 전통적 작자와 연대를 의문 혹은 부인하며 도처에서 후인의 가필을 지적하고 성경의 신관에 변천이 있다는 것, 성경의 계시는 이적이 아니라 인생의 경험에 의하였다는 것을 역설하였다. 그리고 성경에 기재되어 있는 이적의 다수는 부인하거나 혹은 자연론의 원리로 해석하여 그 허황함을 지적하였다. 그뿐 아니라 그리스도의 처녀탄생을 부인하고 그의 신성을 의문하였으며 그의 지식은 제한되어 있어 구약 어떤 책들의 저자와 역사적 사실에 대하여 그릇된 교훈을 하셨다는 것, 그의 메시야 의식은 가이사랴 빌립보에서의 베드로의 신앙고백이 있은 때에 발생하였다는 것, 십자가의 대속은 바울의 신학임에 불과하고..."[106]

아빙돈 성경주석의 번역과 국내 출간은 감리교 유형기 목사에 의해 주도가 된 것이었고 번역진의 다수가 감리교 소속 목사들이었으나 김재준, 한경직, 채필근, 송창근 등 미국 유학 경험이 있는 장로교 소속 목사들도 번역에 참여하였던 것이다.

포용적 신학전통의 감리교단으로서는 아빙돈 단권성경주석이 전제하고 있던 성경고등비평과 성경유오설 등이 문제될 것이 없었으나, 성경의 축자영감설을 고수하고 있던 보수적 신학전통의 장로교단으로서는 용인할 수 없는 문제였던 것이다.

---

106) 박형룡. 한국교회에 있어서의 자유주의. 신학지남 31. no. 1 (1964): 9.

이 사건으로부터 몇 년 뒤 신사참배 거부로 인하여 평양 장로회신학교가 폐교된 후 아빙돈 사건 관련자였던 김재준은 서울에 조선신학원을 일제당국으로부터 인가받아 자유주의 신학을 가르치는 신학교로 세웠고, 채필근은 폐교된 평양신학교 대신에 후평양신학교를 세워 역시 자유주의 신학을 가르쳤다. 한경직은 조선신학원의 이사로 이름을 올렸다.

"1930년대에 한국 장로교의 자유주의 신학은 아직 보수주의 신학과 현저하게 다른 견해를 보여주는 것이 없었다. 그러나 김재준이나 송창근은 무엇보다도 신학의 자유를 구가했다는 점에서 신학사상 자체보다도 그들의 신학적인 태도가 더 자유주의적이었다. 이러한 태도가 본격적인 자유주의로 가는 문을 연 것이다. 초기의 자유주의자와 보수주의자 간의 사소해 보이는 신학적인 견해차이는 시간이 흐름에 따라 점점 두드러진 차이로 드러나게 되었으며 실제 문제에 대한 대응에서 아주 큰 차이를 보여 주게 되었다. 이를테면 신사참배에 대하여 서로 정반대의 견해로 대응함으로써 보수 신학과 자유주의 신학의 틈은 큰 균열이 벌어져 나중에는 교회 분열과 신학적인 양극화로 발전하게 되었다. 보주수의 신학자들은 신사참배에 대하여 원칙적으로 반대하는 입장에 섰으나, 자유주의 신학자들은 신사참배에 순응하는 길을 취했을 뿐 아니라 이를 신학적으로 정당화하려고 하였다."[107]

고신의 역사신학자 허순길은 그의 '한국장로교회사'를 통하여 1930년대 한국 교회에 침투한 자유주의 신학 사조가 타협과 협상의 분위기를 만들어 한국 교회의 신사참배 수용에 일원인을 제공하였다는 것을 주장하였다.

---

107) 김영재. 한국 교회사. 경기도: 합신대학원, 2019. 245-246.

"1930년대 한국에 자유주의 신학이 등장함으로 교회가 속화의 위험을 안고 있을 때 일제는 공공연하게 신사참배를 강요하기 시작했다. 자유주의는 기록된 하나님의 말씀을 순종하는 일에 있어서 약할 수 밖에 없다. 한국교회가 신사참배의 강요로 가장 큰 시련을 맞아 선한 싸움을 필요로 하게 되었을 때, 자유주의 신학의 교회 내 침투와 보급은 선한 싸움보다 협상과 전향의 분위기를 만들어 갔었다. 따라서 제도상의 한국교회는 일제의 태양신 앞에 무릎을 꿇게 되고 하나님보다 일본의 태양신을 더 높이게 되었다. 물론 이런 배교의 원인이 자유주의 신학에만 있는 것은 아니나, 적어도 그런 양보와 배교의 정신을 쉽게 갖도록 한 것만은 사실이었다."108)

이렇게 1930년대 자유주의 신학에 영향을 받은 한국 기독교는 신사참배에 대한 저항이 약화될 수 밖에 없었다. 성경의 고등비평과 성경의 유오(有誤)를 역설하며 그리스도의 동정녀 탄생, 신성, 십자가 대속, 재림 그리고 내세 상벌을 부정하는 자유주의는 토착화라는 명목으로 조상제사마저 받아들일 자세를 가지고 있는데, 국민의례라는 좋은 변명거리에다가 고개 몇 번만 숙여주고 박수 몇 번 쳐주면 되는 신사참배 같은 것은 신앙양심에 크게 거리낄 것이 없었기 때문이었다. 해방 이후 북한 김일성의 기독교 말살정책의 첫 단계였던 '조선기독교도연맹' 가입 문제에 있어서도, 보수적 신학전통을 가진 평안도와 황해도의 목회자들은 적극적으로 거부하였으나, 진보적 신학입장이었던 캐나다 선교구인 함경도 지역은 별 갈등이 없이 협조적으로 연맹에 가입하였다고 한다.109) 자유주의는 신사참배에도, 공산주의에도 쉽게 순응하게 만드는 신앙관이었던 것이다.

---

108) 허순길. 한국장로교회사. 서울: 영문, 2008. 243.
109) 강석진. (近現代史로 읽는) 북한교회사. 서울: 쿰란출판사, 2020. 137.

신사참배가 강요되자 자유주의 신학의 경향을 지닌 자들은 일제와 협상하는 방향으로 가닥을 잡았다. 이로서 보수와 진보 사이에 존속하던 힘의 균형이 깨지게 되었다. 초기부터 한국장로교회의 주도적 역할을 하여온 보수적인 서북계가 무너지고 보수적 지도자들의 공백이 생기게 되었다. 동시에 진보적 신학자와 목회자들이 교권을 확고히 잡을 수 있는 기회가 주어졌다. 신사참배에 반대하여 기독교 학교들이 문을 닫고 선교사들이 떠나는 상황이 벌어졌다. 하지만 캐나다연합교회는 신사참배를 국가의식에 불과한 것이라고 하였으며, 이 교단에 속한 서고도 등의 자유주의 선교사들은 떠나지 않고 총회에 남아 있었다. 보수 세력이 자취를 감추자 일본 유학생 출신들의 활동이 두드러지기 시작했다. 조선신학교를 설립하고 후평양신학교의 교장이었던 채필근은 1943년 5월에 만들어진 '일본기독교조선장로교단'의 통리로 선출되었다. 송창근은 광복을 보름 앞두고 형성된 '일본기독교조선교단'의 총무직을 임명받았다. 김재준은 조선신학교의 핵심인물이었다. 보수적 신학 성향을 지녔던 신학자와 목회자들은 일제로부터 핍박과 순교를 당하는 상황 속에서, 진보적인 신학적 성향을 지녔던 자들은 일제의 절대적인 힘에 편승하여 한국 장로교회의를 해체시키는 일과 일본적 기독교에 귀속시키는 일에 앞장섰던 것이다.110)

---

110) 조진모. 세계장로교회사 관점에서 본 1950년대 한국 장로교회의 분열. 신학정론 28. no. 1 (2010): 157-158.

IV. 신사참배 전야

1. 신사참배란 무엇인가?

신사참배 문제를 이해하기 위해서는 먼저 이 신사참배를 낳게 한 종교적 배경을 이해할 필요가 있다. 신사참배란 일본의 종교인 신도의 신들을 봉안한 신사에 기독교 신앙인들을 포함한 한국인들로 하여금 강제로 참배하게 한 일을 말한다. 이 신사참배는 당시 일본의 지배 이데올로기였던 국가신도라는 것에서 나왔고, 이 국가 신도는 또한 일본의 전통 종교인 신도 신앙에 기반을 둔 것이다.[111]

신사참배가 종교행위가 아니라 국민의례라는 주장들이 있어 왔다. 신사참배를 강요했던 일제도 이것이 종교가 아니라 국민의식이라는 것을 강조했고, 신사참배를 결의했던 1938년 제27차 장로교 총회의 회의록에도 "아등(我等)은 신사는 종교가 아니오 기독교의 교리에 위반하지 않는 본의(本意)를 이해하고 신사참배가 애국적 국가 의식임을 자각하며"라고 하여 신사참배가 '국가 의식'이라는 변명으로 우상숭배 결의를 합리화했었다. 같은 시기 감리교 총리사 양주삼도 감리교회의 머리로서 교회에 신사참배를 권장하는 성명서를 발표하였는데 "전년에 총독부 학무국에서 신사참배에 대하여 조회한 바를 인쇄배부한 일이 있거니와, 신사참배는 국민이 반드시 봉행할 국가의식이오 종교가 아니라고 한 것은 잘 인식하셨을 줄 압니다. 그런고로 어떤 종교를 신봉하든지 신사참배가 교리에 위반이나 구애됨이 추호도 없는 것은 확실히 알 수 있습니다."라는 성명으로 신사참배가 국가의식이며, 종교가 아니다라고 하였었다.

---

111) 오창희. 신사참배. 서울: 예영커뮤니케이션, 2021. 34.

그러나 당시 일제는 신사에 대해서 다음과 같이 교육했다. "나라가 부강하고 발전하는 것은 이 신들의 덕이다. 따라서 신사참배를 할 때 이 신들의 뜻을 받들고 신들의 공적을 본받아 우리도 황국을 돕는 일념을 가지는 참된 경지에 나아가야 할 것이다. 그때 신을 뵙는 묘경에 나아갔다고 하겠다. 단지 자신과 자기 가족을 위한 기도만 한다면 신을 빌 수 없다. 옛날부터 우리나라 일본 제국은 社政일체이다. 신사와 정치는 분리되지 않는다. 신사참배는 시민의 의무이다. 신사참배는 정치 행위이다. 신사는 나라를 위해 존재한다."(「매일신보」1941. 3. 19.)[112] 일제가 매일신보를 통하여 조선인들에게 표방한 신사참배의 의미였다. 신사참배가 분명히 신사에 모셔진 일본신들의 뜻을 받들고 경배하는 것이라는 것을 알리는 것이다.

1936년 11월 장로교총회가 신사참배를 가결하기 2년 전에 캐나다 선교회 소속 스코트(서고도) 선교사는 신사참배의 문제를 캐나다연합교회 해외선교부 총무인 암스트롱에게 편지로 자세히 알린다. "신사문제는 조선총독부로서는 이제 결단을 내린 것 같습니다. 내가 신사참배를 해보니 그 참배는 아주 간단하였습니다. 누구도 반대할 아무것도 없었습니다. 죽은 자들에 대한 존경심을 표현하는데, 우리 미국과 다른 것이 있을 수 있습니다. 하지만 가톨릭교회의 예식보다는 훨씬 소박하였습니다. 신사의 제단에는 아무 우상도 없었습니다. 아무 향도 피우지 않았습니다. 간단한 기도 그리고 두 손을 두 번 치고는 머리를 숙이고 그리고는 참배가 끝나는 것입니다."[113]

스코트 선교사가 신사참배가 우상숭배가 아니라 죽은자들에 대한 존경심을 표현하는 것이라고 강변하는 것은 선

---

112) 옥성득. [평양 기독교 역사 10] 신사참배로 가는 길. 基督教 思想 731.- (2019): 157.에서 재인용.
113) 박영범. 신사참배와 한국성결교회 ―현대교회론적 관점에서. 神學과 宣教 56.- (2019): 109.

교사업을 유지하기 위하여 일제와 타협하려고 하는 마음에서 나온 합리화에 불과하였다. 1910년 일본 대법원은 신사가 종교라고 판결을 내렸고 그때까지 이 판결은 뒤집어지지 않고 유효한 상태였다. 스코트와 같이 신사참배를 죄가 아니라고 주장한다면 회개가 시작 될 수도 없는 것이었다.

만일 우리가 죄가 없다고 말하면 스스로 속이고 또 진리가 우리 속에 있지 아니할 것이요 만일 우리가 우리 죄를 자백하면 그는 미쁘시고 의로우사 우리 죄를 사하시며 우리를 모든 불의에서 깨끗하게 하실 것이요 만일 우리가 범죄하지 아니하였다 하면 하나님을 거짓말하는 이로 만드는 것이니 또한 그의 말씀이 우리 속에 있지 아니하니라 (요한일서 1:8-10).

신도는 일본 고유의 무속종교로서 불교와 더불어 일본의 민간전통을 형성하는데 중요한 역할을 감당했다. 일본은 메이지유신(1868)을 단행한 후 서구사회의 기독교 국교화 정책을 모방해서 천황을 구심점으로 신도를 국교로 삼으려고 했다. 이러한 시도는 이와쿠라 토모미(岩倉具視) 사절단이 조약개정을 위해 구주를 순방할 때(1871-72) 서구사회의 강력한 반대에 부딪혀 좌절되었다. 신도를 국교화하고 기독교를 이단으로 규정했을 때 서구 국가들과의 불평등 조약을 개정할 가능성이 사라질 것을 우려한 메이지 정부는 '종교의 자유'를 일본 제국 헌법 제 28조에서 규정하고 국가가 관리하는 일부 신사를 '종교'가 아닌 '국가의례'의 영역으로 복속시켰다. 그러므로 메이지 정부는 국가의례로서의 '국가신도'와 종교영역으로의 '교파신도'를 분리했다. 그러나 그 예식은 대동소이했다. 이 과정에서 신도가 국가의례가 됨으로써 다른 많은 종교들, 특히 불교계는 메이지 이전의 우월한 지위를 잃고 신도에 종속된 상태가 되었다. 이때부터 국가신도는 국가의례라는 이름으로 모든 종교보다 우월한 위치를 차지했다. 일본

정부는 이후 국가신도와 교파신도를 각각 신사국과 종교국에서 관장토록 했다. 그러나 두 신도는 그 의례상 거의 구별되지 않았다. 예를 들면 국가신사 중 가장 중요한 전몰자 추도시설인 야스쿠니(靖國)신사는 원래 쵸슈[長崎]번(藩)에서 행해진 초혼제(招魂祭)의 형식을 답습한 것으로 이는 억울한 영혼의 재앙을 진정시킨다는 민간의 어령신앙(御靈信仰)에 근거한 것이었다. 그러므로 국가신사에 대한 참배는 분명히 종교적 성격을 가지고 있었다.[114]

안종철의 연구에 의하면 일제가 '국민의례'라고 하며 강요했던 국가신사 의식이 '국민의례"는 허울뿐이며 분명히 종교적 성격의 의식이라는 것을 말해주고 있다.

메이지정부는 1882년 신관 . 교도직 분리를 계기로 채용한 신사비종교론(神社非宗敎論)에서, 신사신도는 종교가 아니라 '황실의 제사'이며 교파신도, 불교종파, 기독교 등의 '종교'와는 다른 범주에 속한다고 정의했다. 또한, 1890년 제국헌법에 명시된 '신교의 자유'의 범위 밖에 신사신도를 위치시켰으며, 특히 1900년에는 종교국과 별도로 신사국을 설치해 신사 관련 행정을 취급함으로써 신사비종교론의 입장을 굳혔다. 이러한 정부정책 방향을 중시하는 논의에 따르면, 신사신도는 종교행정으로 취급되지 않았다는 점에서 '종교'가 아니며, 다만 '국가에 의해 관리되는 신도'로 이해하는 한도에서 '국가신도'라고 정의할 수 있다. 이는 협의의 국가신도 개념이라고 정의되며, 일부 종교사 연구자 및 신도 연구자가 지지한다.한편, 1945년 12월 GHQ(일본을 점령하고 관리했던 연합군 최고사령부)의 「신도지령」에서는 본 지령의 목적이 "종교를 국가로부터 분리하는 것"과 "종교를 정치적 목적으로 오용

---

114) 안종철. 종교와 국가의례 사이: 1920-30년대 일본신도를 둘러싼 조선 내 갈등과 서구인들의 인식. 한국학연구 0.22 (2010): 27-31.

하는 것을 방지하는 것"이라고 명시한 다음, 국가신도 개념을 다음과 같이 정의했다. 즉 본 지령에서 의미하는 "국가신도"라는 용어는, 일본정부가 법령에 의해 종파신도 혹은 교파신도와 구별하여 비종교적 제사로 분류한 신도 일파를 칭해 온 것이지만, "국가신도"의 실상은 "국가가 지정한 종교 내지 제식"이라고 GHQ는 다시 정의했다. 일본정부가 그 공식 표명과 달리 국가신도를 종교로 취급해 왔으며, 그러한 국가신도에 대한 "신앙 혹은 신앙고백을 강제"함으로써 "군국주의적 내지 과격한 국가주의적 이데올로기"를 주입했다고 적시한 것이다. 이러한 GHQ의 국가신도 정의를 수용하는 논의의 입장은, 국가신도 형성 초기를 신도국교화 방침이 시작된 메이지 초기로 거슬러 올라가며, 특히 제국헌법과 교육칙어 체제 아래에서 신사신도가 황실숭배 및 국가제사와 결탁한 1890년대를 결정적이라고 본다. 국가신도를 직접적인 종교행정 상의 취급 여부를 떠나 그 실제에서 사회 전반에 걸쳐 직접적 또는 간접적으로 종교로 작용했다는 점에 주목하여 '국가와 결부된 신도'로 이해하는 것이다. 이는 광의의 국가신도 개념으로 정의되며, 국가신도 연구의 주류를 이루고 있다. 근대시기 일본정부가 신사비종교론을 고수한 반면 GHQ는 신사신도를 국가신도라는 종교라고 정의한 것인데, 그때 GHQ가 근거로 삼은 것이 바로 가토 겐치(加藤玄智, 1873-1965)의 국가신도론이다. 가토 겐치는 메이지 말기에서 쇼와시기에 걸쳐 활동한 종교학자 · 신도학자이며, 그의 연구 주제 및 방향은 도쿄제국대학 철학과 재학 시기에 스승이었던 이노우에 데쓰지로(井上哲次郎, 1856-1944)의 영향 아래 국민도덕과 국체사상을 종교학의 관점에서 재해석하여 신도연구로 전개하는 것이었다. 가토는 종교학연구와 신도연구를 통해, 종교로서 국가신도를 정의하고 체계화하는 작업을 했다. 이러한 가토의 국가신도론을 근거로 하여 제시된 것이 「신도지령」의 '국가신도(State Shinto)' 개념이다.[115]

---

115) 이예안. 가토 겐치의 국가신도 창출: 근대일본에서 국가신도는 어떻게 종교로 정의되었는가?. 한국동양정치사상사
    연구 22.1 (2023): 72-73.

이예안의 '가토 겐치의 국가신도 창출'에서도 전후 일본 점령군 연합군사령부의 '신도지령'이 일본 종교학자 가토 겐치의 '국가신도론'을 근거로 하여 '국가신도'가 종교임을 분명히 하였다는 것을 밝혀주고 있다. 신사참배는 행위의 외적 모습으로도, 종교학적 분석 결과로도 종교의식이며 우상숭배라는 것이 분명하다. 일제치하에서 한국교회가 결의하고 실행했던 '신사참배'는 이와 같이 명백한 우상숭배였다. 하나님 외에 다른 신을 인정하며 경배하는 행위였다. 십계명 1,2계명을 모두 어기는 죄악이었다. 이것에 대해서 현재 한국교회 내에서 이견은 없는 듯하다. 참으로 감사한 일이다.

2. 일제의 신사참배 강요의 배경

20세기 초, 일본은 러일전쟁에서 승리함으로써 서양과 우호적인 외교관계와 공감대를 형성하게 되었다. 그리고 일본인들은 입헌 민주주의 도입, 지속적인 산업 성장, 대중 교육의 확립, 대중 매체의 영향을 받아 새로운 생활 방식을 추구하였다. 뿐만 아니라 같은 시기 일본은 민주주의를 수용하고 생활화하면서 자아를 확립하였고, 서양과 일본, 그리고 아시아에 대해서도 새롭게 인식하게 되었다. 이 시기를 다이쇼 데모크라시라고 한다.[116] 이 기간 일본 국내 정치는 보통선거법의 제정으로 만25세 이상 성인남성에게 선거권이 부여되는 등 의회민주주의의 맛을 일부 보기도 하였다.

그러나 1929년 미국에서 시작된 대공황의 여파가 일본을 덮쳐 경제 침체기에 접어들자, 일본 사회에서 민주주의와 자유주의에 관한 열망은 급속도로 식어 가면서 민주주의의 암흑기를 맞게 된다. 이후 영국과 프랑스가 본국과 식민지 간의 블록 경제로 공황을 넘기는 것을 지켜본 일본 군부는 더 많은 식민지를 위해 광분하게 되고, 침략전쟁에 명분을 삼고자 류타오거우 사건을 조작하여 만주 군벌 장쭤린을 폭살시킨다. 그리고, 1931년 만주사변을 일으켜 만주를 불법 점령하고 곧바로 괴뢰 정부인 만주국을 수립한다. 이와 함께 만주침략에 반대하였던 이누카이 츠요시 수상 암살, 사회적으로는 혁신 극우세력과 군바츠 세력이 발호하여 히로히토 천황을 앞세워 전체주의, 국가주의를 표방하여 자유주의와 민주주의는 내팽개치고 사회 전반이 군국주의·파시즘화로 치닫게 되었가고, 그리하여 1931년을 대체로 '다이쇼 데모크라시'의 종말점으로 본다.[117]

---

116) 유지아. 1910-20년대 일본의 다이쇼 데모크라시와 제국주의의 변용. 한일관계사연구 57. (2017): 431.

그리하여 1930년대 들어서는 이전 시대에 나름대로 실낱 같은 생명을 갖고 있던 일본의 의회중심주의는 종언을 맞게 되고 군부세력이 국가주의를 위해 독주하는 체제로 전환되었다. 일제는 종교정책을 포함하여 모든 면에서 국가지상주의를 확립하는 방향으로 나아가고 있었으며, 마침내 국가지상주의 체제를 공고하게 확립하였다. 그것이 조선에서는 더 강력하게 추진되었다. 국가를 위해 모든 것을 다 바치고 죽을 수 있는 '국민'을 만드는 정책이었다.

일제는 1920년대 말에 시작된 세계 경제공황을 타개하기 위해서 대륙 침략전쟁을 확대하였다. 일제는 침략전쟁을 통해 군수공업을 육성하고 더 넓은 식민지를 건설하여 상품을 판매하고 자원을 수탈함으로써 경제위기를 극복하고자 했다. 이와 같은 정책하에 일제는 1931년 9월 만주침략을 도발하였으며, 1932년 3월 1일 만주국을 세웠다. 1931년 만주침략 이후 조선이 중일전쟁의 지원을 위한 후방이 되면서, 총독부로서는 한반도에 대한 물적·인적 수탈을 원활히 하기 위해 조선인에게 '황민'이라는 사상을 심어줄 필요가 생겼다. 즉, 조선인은 일본인과 동일한 권리행사는 하지 못하지만 동일한 의무가 주어진 일본 천황의 '신민(臣民)'이 되어야 했다. 이에 1931년 부임한 우가키(宇垣一成) 총독은 일본과 조선이 정신적·물질적으로 결합하는 '내선융화' 방침을 내세웠으며, 이를 구체화한 것이 1932년부터의 민심작흥운동(民心作興運動)과 1935년에 제창된 심전개발운동(心田開發運動)이다. 이후 민심작흥운동은 1937년 7월 7일 '노구교사건'을 계기로 중일전쟁이 발발하여 '국민정신총동원(國民精神總動員)'으로 이어지게 된다. 이러한 일련의 황민화 정책의 핵심은 '국체명징(國體明徵)'·'내선일체(內鮮一體)'로서 국가신도의 의례를 통해서, 때로는 심전개발과 같이 타 종교를 매개체로 국가신도를 '국민의례'로 체화시켜 조선인에게 '일본

---

117) 위키백과

정신'을 심는다는 것이었다.118)

일제는 특히 1931년 만주사변 이후 후방인 조선, 특히 기독교세의 확장으로 유명한 평안도 지역에서 신사참배를 강요하려고 했다. 특히 평양의 숭실학교는 매우 중요한 강요대상이 되었는데 당시 학교를 관리했던 미 북장로교 조선선교부와 일제측은 일정하게 서로 양보를 통해서 1932년 시점에서는 신사참배가 논란이 되지 않았다. 그러나 이 문제는 1935-36년의 일련의 사태, 즉 만주문제의 미해결, 일본 내 헌법 논쟁 중 천황기관제론에서 천황신격론의 승리, 2·26군부 쿠데타를 통한 온건파의 제거 등으로 일본사회가 급속도로 군국주의화되면서 일면으로 신사참배가 더욱 적극적으로 강요되었다.119)

이때 한국교회는 신사참배가 표면적으로도 우상숭배일 뿐만 아니라 일본의 '국가주의'라는 보이지 않는 우상을 숭배토록 하는 것임을 인식했어야 했다. 그래서 신사참배 뿐만 아니라 황국신민의 서사나 기미가요 봉창, 황거요배 등도 단지 국민의례가 아니라 하나님 보다 일본제국을 더 높이는 국가우상숭배로서 인식하고 거부했어야 하는 것이다. 그리고 하나님의 말씀을 선포함으로 그것을 단죄했어야 했다. 그러나 인본주의적 교회운영과 세속주의로 타락하여 영적인 눈이 감겨있던 당시 한국 교회로서는 그것을 인식하는 지도자가 거의 존재하지 않았다. 길선주 목사나 채정민 목사와 같은 신령한 원로들이 일선에서 퇴장한 1935년 이후에는 더욱 그러하였다.

---

118) 문혜진. 일제 식민지기 국가신도의 국민도덕화 담론에 관한 소고(小考). 한국학 38.4 (2015): 180.
119) 안종철. 종교와 국가의례 사이: 1920-30년대 일본신도를 둘러싼 조선 내 갈등과 서구인들의 인식. 한국학연구 0.22 (2010): 36.

그러나 교회는 도리어 일제 당국과 긴밀한 협조 관계를 맺어 교회의 성장과 유지를 의존하고 있던 터라 일제의 국가주의 시책에 대항한다는 것은 말도 안되는 일이었다. 그리고 교단의 중직을 맡고 있던 목사들은 나름 일제에 의해 사회 명사대접을 받고 있었다. 이런 상황에서 신사참배 문제로 조선총독부와 척을 진다면 한국 교회로서는 육신적으로 잃어버릴 것이 너무나 많았을 것이기 때문이다. 세상과 세상에 있는 것들을 사랑하며 세상적인 방법으로 교회를 성장시키게 된 당시 한국교회에게 신사참배 우상숭배와의 타협과 굴종은 너무나 당연한 귀결일 수밖에 없었다.

"초창기 개신교는 충군애국의 종교라는 평가를 받았다. 국가를 위해 기도하고, 황제의 생일을 축하하고, 예배당에 국기를 게양하고, 국가의 인재를 양성하기 위해 학교를 설립한 것이 초기 장로교회의 모습이었다. 이로 인해 교회가 황제와 국가를 위해서 충성하는 것은 당연한 일이 되었다. 그런데 이런 모습이 1930년대에 다시 한 번 재현되었다. 1905년 이후 교회가 국가와 적대적인 관계를 갖긴 하였지만, 3.1운동이 이후 국가를 인정하기 시작하였고, 1930년대에는 총독부와 수많은 교섭을 하는 가운데 교회 조직을 강화시키고 발전시킨 장로교회는 국가에 의존하는 위치에 있게 되었다. 특히 만주사변 이후 일본의 국위가 현저히 높아지고 그 영향을 입어 조선 내 민심 역시 호전되었으며, 그래서 많은 사람들이 독립운동을 포기하고 전향하게 되었다. 또한 일제 덕분에 만주에서 새로운 기회를 얻게 되었다. 만주사변 이전에는 만주에 있는 장로교회에 속한 노회가 둘 뿐이었지만, 만주사변 이후 북만노회, 봉천노회, 영구노회, 안동노회, 화북노회 등 다섯 개 노회가 추가로 조직되었다. 장로교회는 만주에서 교세를 더욱 확장하기 위해 감리교회와 맺은 선교지 분할협정도 일방적으로 파기하였다. 만주사변이 장로교회의 교세 확장에도 크게 기여한 것이다. 특히 평안도의 기독교인들은 일제의 공업화 정책으로 평양지역의 산업이 활성화되고, 또한 만주침략으로 새로운 시장을 얻게 되므로 경제적인 면에서도 큰 이익을 얻을 수 있었다. 그래서 30년대 들어 부자가 된 장로와 집사들이 많아졌다. 이런 상황에서 일제를 향한 충군애국은 거부감을 주는 행동이 아니라, 당연한 행동으로 자리 잡기 시작하였다. 따라서 일제가 애국을 요구할 때 장로교회는 거부하지 않았다. 즉 1905년 이전과 같이 애국 자체를 선한 것이고 교회가 당연히 해야 할 일로 여겼다고 할 수 있다. 애국을 요구하는 그 국가가 어떤 국가인지 묻지 않고, 국가에 충성하는 것 자체를 아무 문제없는 것으로 여겼던 것이다."[120]

일제의 만주사변으로 일어난 중일전쟁으로 1930년대 한국 교회는 교세가 확장되는 기회를 얻었고, 모두가 그런 것은 아니겠지만 주로 상공업에 종사하던 도시지역 기독교인들의 삶은 이전보다 오히려 윤택해졌다. 일제에 대한 민족적 저항의식은 희미해졌다. 3.1운동에 참가했던 민족운동가들 중 많은 이들이 적극적 친일파로 전향하는 상황에서 일제에 의해 신사참배가 요구되었을 때 그것에 강하게 저항하지 않은 것은 이상한 일이 아니었던 것이다.

---

120) 박용권. 1930년대 조선예수교장로회 연구. 국내박사학위논문 장로회신학대학교 대학원. 2007. 서울. 294-295.

3. 일제의 신사참배 강요가 시작되다

우선 일제 당국은 학교에서부터 신사참배를 강요하기 시작하였다. 1932년 9월 추계 황령제(皇靈祭)일에 평양 서기산에서 '만주사변' 전몰장병 위령제가 거행되고, 각 학교 생도는 참배를 요구받았는데 기독교계 학교가 참가를 거부하여 문제화 되었다. 이때는 제의후 국민의례에만 나가기로 타협하고 참가하였다. 이 국민의례라는 것은 충혼탑과 납골당에 안치된 '호국신'에 대한 예배였다. 그 후 일제 당국은 전국 학교에 국민의례로서 신사참배를 엄수하도록 통고하였다. 그러나 1932년 9월 제21회 장로회총회는 신사참배를 거부하고 당국과 교섭할 것을 결의, 마펫, 차재명 등을 교섭위원으로 세웠지만 진전이 없었다. 그러던 중에 1933년 전북노회장, 1934년 황해노회장으로부터 참배 가부에 대하여, 더욱이 평안남도 순천 자산교회 목사의 지방 관청으로부터의 신사 건축비 징수 문제에 대한 문의를 비롯해 각지에서의 문의, 확인이 잇달았다.

1934년 10월과 12월에는 교섭위원들이 총독부에 기독교계 학교의 신사불참배 허용 청원서를 제출하려다 총독부 측의 만류와 위협에 그것을 철회한 바도 있었다. 1935년에 평안남도 지사는 도내 학교에 신사에 참배할 것을 지시하였고, 그에 불응시 폐교 등의 조치를 위협하니, 12월에 타협이 이루어져 신사에는 참배하지 않으나, 학교내에서 식전을 갖고 제등행렬에 종전대로 참가하였다.[121]

같은 시기 일제는 서울에 있는 미션스쿨에도 동일하게 신사참배를 강요하였고, 서울의 미션스쿨에서는 학생들의

---

121) 한석희. 일제의 종교침략사. 서울: 기독교문사, 1990. 161-162.

신사참배가 이루어졌다. 1935년 10월 1일에 서울의 정신여학교, 10월 15-16일에는 정신여학교와 경신학교 학생들이 총독부의 요구에 따라 신사에 참배하였다.

미국 남장로교 해외선교부 총무 풀턴은 1937년 2월 조선에 와서 전주에서 개최된 남장로교 총회에서 신사참배는 종교행위임에 틀림없으며, 신사참배를 피할 수 없다면 교파계 학교는 모두 폐교한다는 이른바 '풀턴 성명'을 발표하였다. 이에 대하여 총독부는 불참배학교에 대하여 폐교를 명령하였다. 한국 북장로교 선교회 회장 홀드크로프트도 신사참배에 대하여 단호히 반대하였다. 북장로교 선교회는 1937년의 연례회의에 참석한 백 명의 회원 가운데 3분의 2라는 다수의 찬성으로 학교를 폐교하기로 가결하였다.

그리하여 1938년 2월까지 북장로교가 운영하는 8개의 중등학교와 남장로교의 10개교(중등 2개, 초등 9개)를 각각 폐교하기로 결의하여 평양의 숭실전문학교도 폐교하였다.[122]

부산과 경남지역에서 봉사하던 호주 장로교 선교부도 이미 1936년 2월에 "신사참배를 하거나 신사참배를 하도록 가르칠 수 없다"는 것을 선교부 방침으로 정했다. 학교에 신사참배 강요가 계속되자 1939년 1월 신사참배 할 수 없음을 결의하고, 부산의 일신학교를 위시하여 마산에 있는 모든 학교들을 폐쇄하게 하였다.[123]

---

122) 한석희. 일제의 종교침략사. 서울: 기독교문사, 1990. 163-164.
123) 허순길. 한국장로교회사. 서울: 영문, 2008. 249.

언더우드(원한경)는 연희전문학교를 구해보려고 일본 정부에 순응했으나, 결국 1941년까지 밖에 지탱할 수 없었다. 그는 그의 고집으로 1941년까지 연희전문의 경영을 계속해 오다, 결국 그것이 적산으로 처리되어 1942년 8월 17일 총독부의 장중으로 넘어가자 떠나게 되었다.[124] 일제는 모든 교육 기관에서 기독교적인 요소를 제거하려고 온갖 수단과 방법을 동원하였다. 일제에 굴종함으로써 명맥을 유지했던 기독교 학교가 없지는 않았으나 1945년 해방이 되어 신앙의 자유를 다시 찾았을 때 이 학교들은 이미 기독교 학교라고 칭할 수 없을 만큼 변질되어 있었다.[125]

평양 장로회신학교의 교수들 사이에서는 신사참배에 대한 이견이 갈라졌었다. 마포삼열 박사를 비롯한 선교사들과 남궁혁, 박형룡, 이성휘 목사 등은 신사참배를 반대하였고, 채필근, 김관식 목사 등은 신사참배란 종교행위가 아니라고 하였다. 박형룡 박사는 만주의 봉천신학교로, 남궁혁 박사는 상하이로 망명하였고, 이성휘 교수의 태도는 달라지지 시작하였다.

그러나 채필근, 김관식 목사는 처음부터 태도가 분명하였다. 학교와 교회는 분리되어야 하는데, 종교는 문부성이, 신사는 내무성이 관장하니 신사참배는 종교가 아니라는 논리를 전개하였다. 그러니 후에 일본기독교 조선교단의 통리 등의 직책을 맡은 것은 결코 일본의 강압에 의해서만이라고는 할 수 없다고 본다. 신학교 교수들의 태도가 이같이 양분되었고, 장로교 목사들의 의견도 일치하지 못하였다. 선교사들의 주장에 의하여 평양 장로회신학교는

---

124) 허순길. 한국장로교회사. 서울: 영문, 2008. 248.
125) 김영재. 한국 교회사. 경기도: 합신대학원, 2019. 256.

1938년 제1학기를 끝내고 자진하여 폐교하고 말았다.[126)

기독교계 학교들이 정리되면서 일제 당국은 교회로 공격의 초점을 맞추게 되었다.

일제는 다루기 쉬운 교파부터 회유와 협박으로 굴복시키기 시작했다. 성결교회, 감리교회, 구세군, 성공회, 천주교가 다 일제에 굴복하였다. 감리교회는 일찍이 1936년 1월 일제의 신사에 대한 해명을 들은 후, 그 해 4월 10일자 감리회보에 총독부 학무국에서 보내온 "신사문제에 대한 통첩"을 번역하여 실음으로 일제의 정책에 순응하는 태도를 이미 보였었다.

조선 총독부가 직접 한국교회에 일본적 기독교로의 전향을 요구하고 신사참배를 강요하기 시작한 것은 1938년부터였다. 조선 총독부는 1938년 2월 '기독교에 대한 지도대책'을 마련하여 일본적 기독교의 '야소교신건설운동'에 박차를 가했다. 그 대책 속에는 교역자 좌담회를 통해 계몽하고, 교회에 국기 게양탑을 세우며, 국기에 대한 경례, 동방요배, 국가 봉창을 하고, 황국신민의 서사를 제창하며, 찬미가, 기도문, 설교 등 내용에 대한 출판물을 검열하고, 국체에 적합한 야소교 신건설운동에 대한 적극적 원조를 하는 것 등이 포함되었었다.

이제 감리교의 수장인 총리사 양주삼은 감리교회의 머리로서 교회에 신사참배를 권장하는 성명서를 발표하게 되었다. "전년에 총독부 학무국에서 신사참배에 대하여 조회한 바를 인쇄배부한 일이 있거니와, 신사참배는 국민이

---

126) 김남식. 한국장로교회사. 서울: 베다니, 2012. 169-170.

반드시 봉행할 국가의식이오 종교가 아니라고 한 것은 잘 인식하셨을 줄 압니다. 그런고로 어떤 종교를 신봉하든지 신사참배가 교리에 위반이나 구애됨이 추호도 없는 것은 확실히 알 수 있습니다."라고 함으로써 이미 2년전에 신사참배를 국민의식으로 간주하고 수용했음을 밝히고, 이제는 권장하게 되었다. 중앙집권적 감독정치체제를 가진 감리교회는 교권을 가진 수장이 넘어질 때 온 교회가 소리 없이 함께 넘어지게 되어져 버린 것이다.[127]

한국에 와 있던 캐나다 연합교회의 선교회는 교회연합을 성취한 이후 캐나다 장로교 선교회를 합병하고서도 계속 조선 장로교회와 관계를 맺고 있었는데 이 역시 신사참배를 하는 방향으로 결정을 내렸다. 함흥에서 선교활동 중에 있던 캐나다 선교회 스코트(William Scott, 서고도, 1866-1979)은 "참배를 거부함으로써 학교를 폐쇄하고 교육사업 전체를 정부에 맡기게 하는 것은 그리스도의 뜻에 맞지 않는다"라고 주장했다.

그리고 그는 1939년 3월, 한 편지에서 "우리들은 아직 기독교인이라는 증거가 있습니다. 예배와 성서의 학습은 이전과 같이 하고 있습니다. 기독교인의 목사가 미치는 영향이 있습니다.... 선교사 사이의 분열을 한탄하지만 우리들은 하나님이 계획에 따라 양쪽의 정책도 자신의 영광을 위하여 써 주실 것을 믿고 더욱 기도합니다"라고 밝혔다. 이와 같은 입장은 "결연히 폐교하여 학생들을 길가에 방황하게 하고 결과적으로 신사나 시대에 관하여 어떠한 증거도 주지 않고 신사에 좇아가게 하는" 쪽보다는 "교육이라는 것은 사느냐 죽느냐로 생각할 것이 아니라 어느 정도 타협을 강제하여 기독교학교를 여기서도 계속하는"쪽을 택해야 한다는 연희전문학교의 언더우드(원한경) 선교사와 맥을 같이하는 것이었다.[128]

---

127) 허순길. 한국장로교회사. 서울: 영문, 2008. 252-253.
128) 박용규, 한국기독교회사II, 한국기독교사연구소, 727-728.

신사참배 문제를 두고 자유주의자들은 타협을 통한 적응의 길을 찾았으며, 장로교 이외의 교회들과 선교회는 좀 더 현실적인 선교사업과 기구적인 교회의 존립에 관심을 두었다.[129]

사실 장로교회도 1938년 9월 신사참배 결의 이전에, 신사참배에 관하여 적극적으로 반대한 적은 없었다. 총회는 기독교학교들에 일제 당국의 신사참배 압박이 들어올 때에 신사불참배 지시를 내리는 것이 아니라 총독부에 신사참배 면제를 부탁하는 식으로 넘어가곤 했었다.

산하 노회가 신사참배에 관한 명확한 지침을 요구할 때에도 총회는 이 문제에 대해 연구한다는 핑계로 시간을 끌며 결정을 짓지 않았고, 노회들도 신사참배의 가부 여부를 총회에 떠넘기기에 급급하였다. '신사참배를 할 수 없다'라든지 아니면 '신사참배는 우상숭배다'라든지 하는 선언은 한 번도 한 적이 없었다. 당시 장로교회는 총독부와 긴밀한 관계에 있었고 총독부의 협조를 얻어야 할 일이 산적해 있었다. 총독부와 대립각을 세워서 좋을 일이 없었던 것이다.

1930년대 전반에 장로교회 총회에서 결의한 몇 가지 예를 들어본다.

1932년 제21회 총회에서 학무부는 "교회학교의 학생이 신사 급 여러 제식(神社, 諸祭式)에 참배하는 것과 일요일에 송영 등에 관하야 할 수 없다는 것을 총독부 당국에 본 총회 교섭위원 외에 유억겸, 마포삼열 량 씨를 더 택

---

129) 김영재. 한국 교회사. 경기도: 합신대학원, 2019. 253-254.

하야 교섭케 하야 주실 일이오며"라고 청원하였다. 장로교회는 할 수 없다는 일방적인 선언을 하지 못하고 총독부와 교섭하도록 한 것이다. 말하자면 장로교회가 학교에 명령을 내려서 학생들이 신사나 여러 제사에 참배하지 못하게 하고 일요일에 환송이나 환영행사에 참여하지 못하도록 한 것이 아니라, 교회학교의 학생들을 그러한 의무에서 면제해주도록 총독부에게 부탁하였다는 것이다.

1933년 제22회 총회에서 전북노회는 "종교학교로서 신사에 참배할 여부"를 문의하였다. 헌의부는 이 문제를 정치부에서 해결하도록 하였다. 그런데 정치부는 이 문제에 대한 명확한 결론을 내리지 않고, 교섭위원들에게 떠 넘겼다. 정치부가 이 문제를 신조의 문제로 삼아 당연히 다루어야 했음에도 불구하고 여부를 분명히 하지도 못한 채 교섭위원에게 넘겨 버린 셈이다. 1935년 24회 총회에서도 충청노회가 "신사참배의 가부를 명확히 지시할 것"을 헌의하였고 이것을 다시 정치부에 넘겼다. 정치부는 이번에는 총회장 정인과를 포함한 연구위원 7명을 선정하여 연구하도록 하였다. 결정을 내리는 데 긴 시간이 필요하지 않은 사안임에도 불구하고, 연구한다는 명목으로 결정을 늦춘 것이다. 또한 연구결과도 발표하지 않았다.

신사참배를 할 수 없다고 선언해야 하는 것을 누구나 알고 있었지만, 학무부, 정치부, 총독부 교섭위원 중 어느 누구도 이 문제에 대해서 분명하게 선언하지 않고 시간만 끌었다. 각 노회 역시 그 책임을 면할 수 없다. 노회도 자체적인 선언을 하기보다는 이 문제를 총회에 헌의하여 해결하려고 하였다. 모두가 책임을 미루었던 것이다. 결국 1938년 총회에서 신사참배를 결의할 때까지, 장로교회는 신사참배를 할 수 없다는 선언을 공식적으로 한 번도 하지 않았다.[130]

장로교회의 태도는 일제가 회유하고 압박하기에 그리 어렵지 않은 조건이었다.

1938년 2월 전국에서 가장 큰 평북노회가 신사참배를 결정한 것을 필두로 동년 9월 9일 총회가 개회될 때까지 전국 23개 노회 가운데 17개 노회가 신사참배를 결의했다. 이미 총회가 열리기 전 6개 노회를 제외한 모든 노회가 신사참배를 결정한 상태였기 때문에 총회의 대세는 참배 쪽으로 기울어 있었다.[131] 1938년 9월에 신사참배를 결의하기 이전에 이미 장로교회는 여러 가지 신도의식을 거행하고 있었다. 1938년 5월 말 현재 기독교계의 신도의식 거행 현황을 살펴보면, 교회당에 국기 게양탑을 건설한 것 88%, 국기에 대한 경례 96%, 국가봉창 82%, 동방요배 96%, 황국신민서사 제창 93%, 신사참배 55% 등이었다. 장로교만의 통계가 아니기 때문에 장로교인의 참여율을 정확히 알 수 없지만, 신사참배를 제외한 다른 신도 의식에 장로교인 대다수가 참여하고 있음을 추정할 수 있다.

"농산촌교회에서는 국기를 게양하는 일을 잊어버리는 일이 가끔 있다는 말이 들린다....국기는 국가를 대표한 표호이니 마땅히 애모할 것이다. 또 사대 국경절에 교인들은 예배당에 회집하여 국가를 위하여 하느님께 기원하며 황국신민의 서사를 교독하며 황거 요배를 신행할 것이다. 또 필요한 때에는 납세이외에 금품도 봉헌하여야 될 것이니 기독교인으로서 당연히 할 것 ...."(교계시론, 기독교보, 1938.3.1.)

---

130) 박용권. 1930년대 조선예수교장로회 연구. 국내박사학위논문 장로회신학대학교 대학원. 2007. 서울. 297-298.
131) 박용규. 한국기독교회사II. 한국기독교사연구소. 730.

또한 1938년 3월 22일부터 25일까지 진행된 제34회 평양노회에서는 노회를 시작하며 특별순서로 "1. 국기게양, 2. 황거요배, 3. 출정군인 위해 기도, 헌금, 一金百圓, 4. 애국예배, 5. 출전황군 위문문 발송"의 행사를 하였다.

"일제의 신사참배 강요가 1937년 중반까지 학교에 대해서는 강경하면서도 교회에 대해서는 강요할 생각이 없다고 재삼 총독부가 이야기하였던 것은 교회 세력이 강력했기 때문인 것 같다. 1937년말부터 교회에 대해서도 점차 강경함을 더해간 것은 교파에 따라서는 쉽게 따르고 지도자들이 지위, 명예의 보존에 연연하여 어용단체 임원, 친일 영합자로 되는 자가 늘고 또한 학교에 대한 강요로 폐교, 몰수가 성공하여 자신을 갖게 되었기 때문이었을 것이다. 다시 말하면 교회와 학교가 각 교파가 한 덩어리가 되어 강력한 저항운동을 전개하고 거기에 일본의 제교파도 연대하여 저항했더라면 일본에서는 그 정도로 강행되고 있지 않았던 신사참배라고 하는 수단으로는 쉽게 교회를 굴복시킬 수 없었을 것이라고 생각한다."[132]

1938년에 들어서서 일제가 한국교회에 대하여 강공책을 취하게 된 연유가 바로 한국교회의 순응적 태도 때문에 갖게 된 총독부의 자신감이었다는 평가다. 기독교학교에 대한 신사참배 강요에 대해 총독부에 교섭위원을 파견하여 청원서 따위나 제출하는 소극적 태도가 아닌 오히려 신사참배 반대 성명서를 발표하고 동맹 휴교에 들어가는 등 기독교학교들이 강경한 반응을 보이도록 했다면, 그리고 그에 대하여 총회에서도 신사불참배 지시를 산하 기독교학교와 노회들에 내리며, 미국의 선교부에도 요청하여 한국교회의 결기를 보여줬다면 일본은 그렇게까지 심하게 신사참배를 강요하지는 못했을 것이다. 일제 당국의 비위를 건드리지 않으려는 한국교회의 타협적이고 비굴한

132) 한석희. 일제의 종교침략사. 서울: 기독교문사, 1990. 194.

태도에 일제는 자신감을 갖게 한 것이다. 그리고 일본 당국은 너무나 쉽게 일제의 요구에 순응하는 일부 교파의 태도와, 자신의 지위와 명예를 지키기 위해 일제에 영합하는 교회 지도자들을 보고 강공으로 나가도 되겠다는 확신을 갖게 된 것이다.

'일제의 교회 폐쇄와 해산의 위협으로부터 교회를 지켜야 한다'는 명분으로 한국 교회 지도자들이 신사참배 우상숭배에 타협하며 굴복하고 있던 1938년 바로 그 무렵 유럽에서는 나치 독일 히틀러의 전쟁 위협 앞에 영국을 위시한 자유세계의 강대국들이 전쟁을 막고 평화를 얻는다는 명분으로 히틀러의 요구에 따라 약소국 체코슬로바키아를 찢어 독일에 넘겨주는데 합의하는 일이 벌어지고 있었다.

조선예수교장로회가 제27회 총회에서 신사참배를 결의했던 1938년 9월 10일로부터 얼마 지나지 않은 1938년 9월 29일 독일의 뮌헨에서 영국의 체임벌린 총리, 프랑스의 달라디에 총리, 독일의 히틀러, 이탈리아의 무솔리니가 만났다. 국토를 내주어야 할 체코의 대표는 협상장에 들어가지도 못하고 옆방에 대기하고 있어야 했다. 이 회담에서 영국의 총리 체임벌린은 히틀러의 요구 대부분을 들어주었다. 체임벌린은 프랑스를 설득했고, 결국 체코의 혈맹이라고 부르짖던 프랑스마저 이 안에 동의하였다. 전쟁을 막고 평화를 유지하기 위해서라는 명분으로 말이다.

뮌헨회담의 결과, 체코는 수데텐 지방을 독일에 빼앗겼고, 곧이어 폴란드와 헝가리에도 땅을 내주었으며, 슬로바키아는 독립해서 체코의 면적과 인구는 3분의1로 쪼그라들었다. 이렇게 했음에도 불구하고 다음해인 1939년 나치독일은 보헤미아를 침공해 삼켜버리고 슬로바키아에는 나치의 괴뢰정부를 수립했다. 체코를 집어삼킨 히틀러는 곧

이어 폴란드를 침공하여 2차 세계대전이 발발되었고, 혈맹 체코슬로바키아를 배신하고 독일에 넘겨주었던 프랑스는 이듬해인 1940년 독일과의 전쟁을 피할 수 없었을 뿐만 아니라 개전 후 46일만에 완패하고 독일에 항복하고 말았다. 영국 역시 이 전역에서 나치 독일군에 완패하였고, 덩케르크에서의 굴욕적인 철수작전으로 영국의 대륙원정군 30만명이 모든 무기와 물자를 버리고 간신히 몸만 빠져나와 프랑스를 탈출할 수 있었다. 이후 영국은 독일의 본토 침공을 막아내기 위해 전전긍긍하며 사력을 다해야만 하는 처지에 놓이게 되었다. 미국의 원조와 참전이 없었더라면 영국도 독일에 패배하였을 것이고 유럽 전역이 나치 독일의 지배하에 들어가고 말았을 것이다.

다시 1938년 9월로 돌아오면, 뮌헨 협정을 체결하고 돌아온 영국의 체임벌린 총리는 영국 국민들의 열렬한 환영을 받았었다. 그는 히틀러가 서명한 영국·독일 평화선언문을 들어 보이며 "여기 우리시대의 평화가 있다"고 외쳤다. 체임벌린은 히틀러에 대해 "그 사나이는 냉혹하지만 한번 약속한 것은 꼭 지키는 믿을 수 있는 사람이라는 인상을 받았다. 그는 클래식을 좋아하는 사람이다"라고 히틀러에 대한 신뢰를 높이며 지지자들에게서 박수를 받았다. 영국과 프랑스는 전쟁을 막고 평화를 지키기 위해서 악과 타협하였으나 그 결과는 자신들의 패배로 이어지게 되는 전쟁이었다. 만약 영국이 체코의 수데텐 지방을 요구하는 히틀러에 대해 타협하지 않고 단호한 태도를 취했다면 독일은 그렇게 쉽게 전쟁을 일으키지는 못했을 것이라고 후세의 많은 역사가들이 이야기한다.

그렇다! 악과 타협한 것은 이미 악에게 패배한 것이다. (신사참배백서 II권으로 이어집니다)